Nicole Quint

Irland

50 MIKROABENTEUER

ZUM ENTDECKEN UND GENIESSEN

360° medien

IMPRESSUM

Irland
50 MIKROABENTEUER ZUM ENTDECKEN UND GENIESSEN
Nicole Quint

Nachtigallenweg 1 | 40822 Mettmann

Redaktion und Lektorat: Christine Walter

Satz und Layout: Marc Alberti

Gedruckt und gebunden:
LD Medienhaus | Hansaring 118 | 48268 Greven | www.ld-medienhaus.de

Bildnachweis: siehe Seite 256

ISBN: 978-3-96855-556-0
Hergestellt in Deutschland

360grad-medien.de

Nicole Quint

Irland

50

MIKROABENTEUER

ZUM ENTDECKEN UND GENIESSEN

360° medien

Vorwort

„They say the clouds are lower in Ireland.
I say Ireland is closer to Heaven."

Michael Vatis

Jahrhundertlang von Hungersnöten, religiösen Konflikten und Zahnproblemen geplagt, von katholischen Priestern drangsaliert und von britischen Grundherren kolonisiert, wie konnte dieser depressive Anfall von einem Land bloß zum Sehnsuchtsziel so vieler Reisender werden? Darauf gibt es zwei mögliche Antworten.

Die erste, so simpel, dass jeder durchschnittliche Quizshowkandidat auch ohne Telefonjoker darauf kommt, lautet: spektakuläre Landschaften. Die lang vergangenen Grausamkeiten der irischen Geschichte verblassen gegen menschenleere Hochmoore und die stahlblaue Weite des Ozeans, gegen meerumtoste Inseln, wildwuchernde Wiesen, dramatische Steilklippen und einen von Möwenlachen beschallten Himmel. Jeder, dem furiose irische Unwetter schon mal einen sehr langen Hausarrest erteilt haben und der viele Tage nur damit verbrachte, auf sturen Nebel statt auf fabelhafte Natur zu starren, wählt hingegen Antwort Nummer zwei: die irische Wettertombola. Tatsächlich ist sie das Ass in Irlands Ärmel. Erst hält sie aufbrausende Atlantikfeger und 117 Arten von Niederschlag bereit, nach drei, vier nassen Nieten aber folgt das ganz große Los. Anderswo hört es einfach auf zu regnen, in Irland beginnt die Welt nach einem Wolkenbruch so gewaltig zu funkeln, als hätte der himmlische Beleuchter sämtliche Strahler angestellt. Es sind magische Momente, wenn die Sonne über einen Himmel hüpft, der sich all sein Blau zurückgeholt hat, und tropfnasse Ginsterbüsche mit frisch gewaschenen Gräsern und granitgrauem Felsgestein um die Wette glitzern. Als wäre das alles nicht schon zauberhaft genug, spannt sich nun entweder ein Regenbogen weit über die torfbraunen Hügel oder einige Delfine beginnen in der sonnendurchfluteten Atlantikbucht ihr Wasserballett mit synchronen Rückwärtssaltos. So sieht sie aus, Irlands sichere Methode, Menschen in Euphorie zu versetzen.

Unter karibischer Sonne kann jeder fröhlich und fidel sein, den Jackpot allen Reiseglücks knackt aber nur, wer sich von irischen Grauzonen nicht entmutigend lässt und sich seine Belohnung geduldig wartend verdient. Eine Reise nach Irland ist also immer auch eine Art Persönlichkeitstest. Reif genug für die Regeninsel? Falls ja, dann freuen Sie sich auf versteckte Klosterruinen und Teilzeit-Inseln, auf Algenbäder und eine der längsten Küstenstraßen der Welt, auf die schönsten Sandstrände, einige der höchsten Klippen und mit Dublin und Belfast auch auf zwei der spannendsten Städte Europas. Überall dorthin nehme ich Sie mit und erzähle in diesem Buch von Orten, an denen man der Welt noch den Rücken kehren kann, wo einen kein Mobilfunknetz mehr fängt, dafür aber perfekte Wanderwege oder gigantische Riesenhaie warten, wo einem Geschichte blüht, man wie ein Wikinger wohnen oder von einem Leuchtturmwärterleben am Atlantik träumen kann. Wer all das einmal erlebt hat, für den wird es fortan ein Leben vor und ein Leben nach Irland geben.
Probieren Sie's aus!

Nicole Quint

Inhaltsverzeichnis

Aus Gründen der besseren Lesbarkeit wird auf eine geschlechtsneutrale Differenzierung verzichtet. Entsprechende Begriffe gelten im Sinne der Gleichbehandlung grundsätzlich für alle Geschlechter. Die verkürzte Sprachform beinhaltet keine Wertung.

Halbinsel Dingle, County Kerry

Fáilte go Éireann!

WILLKOMMEN IN IRLAND!

Irland in drei Worten? Den Effekt von Lichtern, die einem vor den Augen tanzen, wenn man ein wenig geblendet wird, kennen alle Menschen, doch die Iren haben mit „sclimpíní“ sogar einen Namen dafür, so wie sie auch einen Begriff für Überraschungsküsschen – „spailp“ – und einen für den Umhang haben, der es übernatürlichen Wesen ermöglicht, sich in unserer Welt unsichtbar zu machen – „púicín“. Drei Beispiele für die einzigartige Weise der Iren, die Welt zu sehen. Drei Worte als Wegweiser in die Seele dieser wundersamen Insel im äußersten Westen Europas.

Lough Corrib im County Galway

Irisch (Gaeilge), das war die Sprache der Mehrheit im Land, bis die britischen Besatzer sie verboten und das Englische durchsetzten. Nach der 1921 zurückerkämpften Unabhängigkeit gilt das Irische zwar als offizielle Nationalsprache in der Republik Irland, im Alltag wird es heute jedoch nur noch in einigen Regionen der Westküste gesprochen, den Gaeltacht-Gebieten. Aller Touristenfreundlichkeit zum Trotz sind Verkehrsschilder in diesen Sprachreservaten fast ausschließlich auf Irisch beschriftet. Gemeinsam mit dem geltenden Linksverkehr verüben sie tückische Attentate auf die Nerven ausländischer Autofahrer und schaffen es dennoch, sich in eine Art kuriose Sehenswürdigkeiten zu verwandeln.

So ist sie eben, die Insel, die nicht umsonst in dem Ruf steht, ein schrulliges, schwer zu verstehendes, aber absolut großartiges Land zu sein. Davon ließen sich ausgerechnet die Römer nicht locken, die ihr Reich doch sonst immer liebend gern expandierten. „Hibernia" lautet der Name, den sie Irland gaben und der so viel bedeutet wie Land des Winters. Kann die Angst vor kalten Füßen für die sonnenverwöhnten Südländer ein Kriterium gewesen sein, auf die Eroberung der sturmumtosten Insel im Atlantik zu verzichten? Statt ihrer stapften jedenfalls Jäger und Sammler, Steinzeitbauern, Kelten, Wikinger, Anglonormannen und Briten durch die irische Geschichte, die erst kürzlich neu geschrieben werden musste. Archäologen hatten perfekt konservierte Knochen von Rentieren gefunden, die den Beweis lieferten, dass die Tiere vor 33.000 Jahren in Irland gejagt und geschlachtet wurden. Eine Sensation. Bislang ging man davon aus, dass die ersten Menschen vor etwa 12.500 Jahren nach Irland gekommen waren. Möglicherweise muss auch das Kapitel der Christianisierung überarbeitet werden, denn es gibt Hinweise darauf, dass nicht der Heilige Patrick, sondern koptische Mönche aus Ägypten die Iren als erstes erfolgreich missionierten. Wichtig nur für die Geschichtsschreibung des Landes, aber nicht für die Geschichten, die man sich über den Schutzpatron und seine heiligen Kollegen Brigid und Colmcille erzählt und die den Stoff der irischen Identität würzen wie Salz den Wind.

Die Partystimmung am St. Patrick's Day würden sich die Iren von neuen Fakten ohnehin nicht verderben lassen. Zwar begeht man den Nationalfeiertag am 17. März im ganzen Land, doch das größte Fass macht Irlands Hauptstadt auf. Die Dubliner erhalten nicht nur an diesem Tag von Touristen aus aller Welt Unterstützung beim Guinnesstrinken. „Im Großen und Ganzen ist es nicht schäbiger als London und die Menschen scheinen sich mehr zu amüsieren", stellte schon der Schriftsteller Charles Dickens bei seinem ersten Dublin-Besuch im Jahr 1858 fest. Die zweitgrößte Stadt des Britischen Empire galt als schönste klassizistische Metropole in Europa. Für den Glanz dieses architektonischen

Erbes, für seine Pubs und erstklassigen Museen ist Dublin bekannt, seine vielen Parks und Strände, die nahen Wälder, Berge und Naturschutzgebiete haben es hingegen schwer, einen Weg in die Aufmerksamkeit von Irlandreisenden zu finden. Das geht den seenreichen Ebenen und sanften Hochmooren im Landesinneren ähnlich, weil das Motto der meisten Touristen „Go West!" heißt. Dorthin, wo sich die wilde Küste im Kampf mit dem Ozean viele große und kleine Beulen, tiefe Risse und Brüche geholt hat, wo einige der höchsten Klippen Europas in den Atlantik stürzen und die letzten Urwälder des Landes überlebt haben, wo das Gras so hell leuchtet, dass es in den Augen schmerzt, gestochene Torfbriketts zu Pyramiden gestapelt in der Sonne trocknen und sture Schafe schmale Straßen blockieren, die von brennendroten Fuchsienhecken gesäumt werden. Mit diesen Landschaften fängt man Herzen und beseelt irische Künstler. Von den frühen Barden mit ihren Harfen über traditionelle Folkmusiker bis zur iranisch-irischen Band der Neuzeit, von den keltischen Sagen der Druiden über vier Literaturnobelpreisträger bis zu Filmregisseuren, die selbst in Hollywood Furore machen, bezeugten alle, dass Irland am Tag, als die Schönheit der Welt verteilt wurde, in der allerersten Reihe stand.

Ein Kartograf der irischen Kultur könnte aus ihren gesammelten Werken eine herrlich lyrische Landkarte erstellen. Wir reisen aber meist nicht Versen, Strophen, Melodien und den Gefühlen, die sie entfachen, hinterher, sondern orientieren uns an der Unterteilung der Insel in vier Provinzen und 32 Grafschaften. Die Provinzen Leinster im Osten, Munster im Südwesten, Connacht im Westen und Ulster im Norden dienen keinem politischen oder administrativen Zweck mehr. Als historische und kulturelle Einheiten bilden die einstigen Königreiche jedoch die Kulissen für all die Mythen und Legenden über Irlands Hochkönige, Krieger, Helden und Heilige. Die Loyalität der Iren gehört vor allem den Grafschaften. Ihnen fühlen sich die Einwohner von Kerry, Mayo, Kilkenny, Louth, Cork & Co. zugehörig. Nicht nur, wenn die Landesmeisterschaften in den Sportarten Hurling und

Gaelic Football ausgetragen werden, dann aber mit besonderer Leidenschaft. Diese traditionellen Spiele sind sportgewordene Identität, der Klebstoff aus Schweiß und Stolz, der ganz Irland eint – gesellschaftlich wie politisch, denn um die irischen Meisterschaften bewerben sich Auswahlteams aller 32 Grafschaften. 26 aus der Republik und sechs aus Nordirland, das Teil des Vereinigten Königreiches blieb, während der Süden der Insel 1921 seine Unabhängigkeit von Großbritannien erlangte. Diese Trennung und die anschließende Diskriminierung der katholischen Minderheit in Nordirland war die Ursache für The Troubles, einen 30 Jahre andauernden bürgerkriegsartigen Kampf, der erst 1998 mit dem friedensschließenden Karfreitagsabkommen endete.

Nicht einmal der Brexit, den ihnen die Briten 2016 eingebrockt haben, kann etwas daran ändern, dass das Wetter in Nordirland nicht schlechter ist als im Süden; die Landschaften sind genauso schön und die Menschen ebenso freundlich. Nordire zu sein, bedeutet für viele, sich gleichzeitig als Iren, Briten, Europäer und Nordküstenbewohner zu verstehen und nicht nur Englisch zu sprechen, sondern auch Irisch zu lernen. Darin steckt die Chance, zu verstehen, was das Leben auf dieser Insel einmal bedeutet hat und in Zukunft wieder bedeuten könnte. „Seithreach" – das Geräusch, das Pferde machen, wenn sie sich nach langer Zeit wiedersehen, bewahrt das irische Wortuniversum ebenso wie „dearglach" – das rote Glühen am Abendhimmel im Herbst und „chomh líonta le frog fómhair" – sich nach allzu üppigem Essen so voll fühlen wie ein Herbstfrosch, also einer, der sich, kurz bevor er in die Winterstarre fällt, nochmals richtig satt gefuttert hat. Jede Vokabel eine weitere Tür in Irlands Psyche und Seele. Einem Land, das so etwas Wundervolles hervorgebracht hat wie diese Sprache, verzeiht man sogar feuchte Winde, dicke Nebel und rätselhafte Verkehrsschilder.

Go n-éirí an bóthar libh! – Gute Reise!

Top 10

DER SEHENSWÜRDIGKEITEN IN IRLAND

1 **Trinity College Old Library:** „Vorzimmer der Nation" wird der Long Room der Alten Universitätsbibliothek auch genannt, weil Staatsoberhäupter bei ihrem Besuch in Dublin dorthin geführt werden, um ihnen eine besonders eindrucksvolle Vorstellung vom „Land der Heiligen und Gelehrten" zu geben. Es sind die ältesten und wertvollsten Werke des Trinity College, die dort auf einer Länge von fast 65 Metern die dunklen Holzregale zu beiden Seiten des Raumes füllen. Mehr als 350.000 historische Handschriften, Manuskripte und uralte Drucke begeistern die bibliophilen Besucher. Besonders ehrfurchtgebietende Wirkung entfaltet jedoch das absolute Meisterwerk abendländischer Buchkunst – das Book of Kells, eines der schönsten Exemplare frühmittelalterlicher Klosterhandschriften. Das reich mit aufwendigen Malereien geschmückte Evangeliar wurde 2011 zum Weltdokumentenerbe ernannt. *tcd.ie*

2 **Temple Bar:** Bei Athen denkt man an die Akropolis, bei Paris an den Eiffelturm und bei Dublin? Na klar, an das Temple-Bar-Viertel mit seinen vielen Pubs, Restaurants und Nachtclubs. Von elitären Bildungsbürgern mit Naserümpfen

bedacht, von feierwütigen Horden so gnadenlos gekapert wie die Königsflotte von Piraten, dabei sollte jeder die kopfsteingepflasterten Gassen des Stadtteils unter die Füße nehmen, der sich nicht die Märkte, Straßenkonzerte, Boutiquen und die vielen Kulturinstitutionen, darunter das Irish Photography Centre, das Irish Film Centre und gleich drei Theater, entgehen lassen will. *visitdublin.com*

3

Newgrange: Um 3200 v. Chr. beschloss eine Gruppe von Menschen, über die wir nicht viel wissen, Steine von weit entfernten Orten zu holen, sie auf einen Hügel zu bringen und mit dem Bau einer riesigen Grabanlage zu beginnen, die wir bis heute nicht wirklich verstehen – Newgrange, eine der größten megalithischen Stätten Irlands. 700 Jahre älter als die Pyramiden von Gizeh und 1000 Jahre älter als das legendäre Stonehenge wurde dieses Meisterwerk der steinzeitlichen Ingenieurskunst ohne Rad oder Metallwerkzeuge errichtet. Als wäre das nicht schon beeindruckend genug, steigt die ganz große Show immer zum Jahresende. Wenn an den Tagen um die Wintersonnenwende vom 19. bis 23. Dezember die Sonne aufgeht, dringt ein Lichtstrahl durch eine genial angebrachte Öffnung über dem Grabeingang und flutet die zentrale Kammer mit goldenem Glanz. Ist Newgrange vielleicht das älteste Sonnenobservatorium der Welt? *newgrange.com*

4 Powerscourt House and Gardens

Powerscourt House and Gardens: Ganz Irland wird für seine vielen fantastischen Gärten und alten Herrenhäuser gerühmt, im County Wicklow aber ballen sich buchstäblich die prachtvollsten Baum- und Blütenträume. Zu den berühmtesten Anlagen dort gehören Powerscourt House and Gardens. Sie gelten mit ihren kaskadenförmig angelegten Terrassen, versteckten Grotten und Ziergärten, mit weiten Rasenflächen, schattigen Teichen, malerischen Spazierwegen und Irlands immerhin zweithöchstem Wasserfall (121 Meter) als eine Klasse für sich. Kein Wunder, dass National Geographic das Anwesen auf den dritten Platz ihrer Liste der größten Gärten der Welt setzte. *powerscourt.com*

5 Ring of Kerry

Ring of Kerry: Eine der landschaftlich reizvollsten Strecken Irlands und deshalb auch der beliebteste Roadtrip schlechthin führt entlang der wilden Küste der Iveragh-Halbinsel, vorbei an blitzendblauen Buchten, schroffen Steilufern und hübschen Orten wie Sneem, Glenbeigh und Kenmare. Um die hinreißenden Aussichten wirklich genießen zu können, empfiehlt es sich, die Rundstrecke nicht gerade zur Hochsaison anzusteuern, immer genügend Zeit, etwa vier bis sechs Stunden, einzuplanen, und den Ring gegen den Uhrzeigersinn zu fahren, wenn man in einer der engen Kurven nicht das Weiß in den Augen eines entgegenkommenden Busfahrers erkennen können möchte. *failteireland.ie*

6 **Cliffs of Moher:** 214 Meter rasen Irlands berühmteste Steilklippen dem in der Tiefe tosenden Ozean entgegen. Im Höhenvergleich keine Konkurrenz für die Klippen von Croaghaun auf Achill Island (688 Meter) oder Slieve Leagues in Donegal (601 Meter), spektakulär schön ist es dennoch, am Abgrund der Cliffs of Moher zu stehen. Der Blick taumelt über schaumgekrönte Wellen zu den Aran Islands hinüber und findet dann erst am silbern glimmernden Faden des Horizonts wieder einen Halt. *cliffsofmoher.ie*

7 **Fastnet Rock:** Weil er das Letzte war, was auswandernde Iren auf ihrem Weg nach Amerika von ihrer alten Heimat sahen, wird Fastnet Rock auch Teardrop (Träne) genannt. Die einsame Felseninsel, die vor der Küste der Grafschaft Cork aus dem Ozean ragt, markiert den südlichsten Punkt des Landes. Gemeinsam mit ihrem 54 Meter hohen Leuchtturm trotzt sie gewaltigen Wellen und Stürmen, die das Meer um Fastnet Rock zum Stoff für Albträume machen können. Ein von allen Wettern geprüfter Ort also. An schönen Tagen starten jedoch von den Hafenorten Schull und Baltimore Ausflugsboote zur Umrundung des legendären Felsens, und wie es sich für den Besuch eines besonderen Ortes auch gehört, werden die Passagiere oft von Delfinen und manchmal sogar von Walen begleitet. *fastnettour.com*

8 **Céide Fields:** Als die menschliche Zivilisation vor rund 6000 Jahren beschloss, das Jagen und Sammeln aufzugeben und sich einer neuartigen Technik zuzuwenden, die als Landwirtschaft bekannt wurde, hinterließ ihr neuer Lebensstil im Langzeitgedächtnis des irischen Moorbodens tiefe und zahlreiche Spuren. Die meisten wurden auf den Céide Fields an der Küste von Nord-Mayo entdeckt. Europas größte neolithische Ausgrabungsstätte ermöglicht Besuchern eine Rückkehr in die Steinzeitwelt der Ackerbauern und Viehzüchter mit ihren Steinhütten, Feuerstellen, Grenzmauern und Gräbern. *ceidefields.com*

9 **Croke Park:** Liebe zum Land allein genügt nicht. Wer die Iren wirklich verstehen will, muss mindestens einmal Croke Park in Dublin besuchen. Eine Tour durch das größte Stadion der Insel inklusive Besuch des interaktiven Museums und Blick hinter die Kulissen ist schon mal ein guter Anfang. Zum intimen Kenner der irischen Seele wird aber nur, wer bei einem All-Ireland-Finale auf der Tribüne mitjubelt und singt. Wenn die beiden besten Mannschaften in den typisch irischen Sportarten Gaelic Football und Hurling gegeneinander antreten, sich kantige Schultern in Rippen rammen, dreckverkrustete Beine Haken schlagen und Helme gegeneinander knallen, sind mehr als 80.000 Iren im Croke Park vereint. Gaelic

Football und Hurling – beides blitzschnell, knallhart und kräftezehrend bilden zusammen den sozialen Kitt, der das Land zusammenhält. *gaa.ie* und *crokepark.ie*

10 **Carrick-a-Rede Rope Bridge:** 20 Meter können ganz schön lang sein, wenn Irlands wichtigtuerischer Wind die hölzerne Carrick-a-Rede-Hängebrücke mal wieder ins Schaukeln bringt und 30 Meter unter einem der Atlantik schäumt. Lachsfischer haben die Brücke im Jahr 1755 erbaut und damit die kleine Insel Carrick-a-Rede mit dem Festland der nordirischen Grafschaft Antrim verbunden. Mittlerweile mehrfach renoviert und nach modernen Sicherheitsstandards umgebaut, taugt die Hängebrücke zwar nicht mehr als Kulisse für ein waghalsiges Indiana-Jones-Abenteuer, aber immer noch für eine Mini-Mutprobe. Die wird auf der anderen Seite mit einer tollen Aussicht auf Rathlin Island und Schottland belohnt. *nationaltrust.org.uk*

Kurioses und Besonderheiten

AUS IRLAND

Wer weiß, wo die irischen Kobolde wohnen? Weshalb liegt die letzte Ruhestätte der Liebe ausgerechnet in Dublin, und wie geht man stilvoll aufs stille Örtchen? Die Antworten darauf offenbaren einige von Irlands außergewöhnlichen Seiten.

✓ In Lisdoonvarna wartet die Liebe – vielleicht. Die Chance, sie ausgerechnet in diesem kleinen Ort im County Clare zu treffen, ist im September auf jeden Fall am größten. Dann strömen Tausende Singles zum Matchmaking Festival, dem größten Heiratsmarkt Europas. Der hat eine lange Tradition. Früher kamen die Bauern zum Viehmarkt her und hielten bei der Gelegenheit auch gleich Brautschau. Heute ist das vierwöchige Verkupplungsfest weit über die Landesgrenzen hinaus bekannt. Trefferquote unbekannt. *matchmakerireland.com*

Hotspot für Singles

✓ Für den Fall, dass die oder der Richtige den Weg doch nicht nach Lisdoonvarna gefunden haben sollte, kann man sich in Dublin direkt an den heiligen Valentin wenden. Der Schutzpatron aller Liebenden hat dort in der Whitefriar Street Church seine letzte Ruhestätte gefunden. In einem Seitenaltar wacht eine lebensgroße Statue des Heiligen über den Schrein mit seinen Reliquien und über ein Ringbuch. Darin notieren liebesgeplagte Kirchenbesucher all ihre Wünsche, Sehnsüchte und Hoffnungen, auf dass der klerikale Sachverständige in Beziehungsfragen ihnen doch bitte helfen möge. *whitefriarstreetchurch.ie*

Patron der Liebenden

✓ Erklärungen für die Herkunft des Wortes „Quiz" gibt es einige, die schönste Story dazu aber liefern die Iren. Geht es nach ihnen, war es der Dubliner Theaterbesitzer James Daly, der im Jahr 1782 wettete, er könne innerhalb von nur 24 Stunden einen völlig unsinnigen Begriff zu einem gängigen Ausdruck der englischen Sprache machen. Dazu verteilte er Kreide an einige Schuljungen und ließ sie im gesamten Stadtgebiet Quiz an Hauswände und Mauern schreiben. Ganz Dublin rätselte, was es damit auf sich haben könnte – und schon war das Wort tatsächlich in aller Munde.

✓ Die Iren witzeln ja gern über ihre Geschichte, die so voll von gescheiterten Revolutionen sei, dass man ihnen für jeden weiteren Aufstand mindestens zehn Prozent Rabatt gewähren müsste. Die Mini-Rebellion in Limerick haben die meisten jedoch längst vergessen. 1919 riefen Arbeiter aus Protest gegen die britischen Besatzer die Unabhängige Sowjetrepublik Limerick aus und beantragten tatsächlich den Beitritt zur Sowjetunion. Ihr Antragsformular wurde nie beantwortet und der junge Staat nach zwei Wochen wieder aufgelöst.

✓ Wenn ein Ire berichtet „John was circling over the Shannon", meint er damit nicht etwa, dass sein Kumpel tatsächlich über Irlands längsten Fluss kreiste, sondern dass er sturzbetrunken auf dem Barhocker balancierte. Diese fabelhafte Formulierung für alkoholisierte Unzurechnungsfähigkeit entstand, als Boris Jelzin zum Staatsbesuch nach Irland reiste. Der damalige Präsident Russlands hatte sich angeblich so viel Alkohol genehmigt, dass er nicht mehr imstande war, die Regierungsmaschine am Shannon Airport auf würdevolle Art zu verlassen. Der Flieger drehte Runde um Runde, bis der prominente Passagier endlich wieder nüchtern genug für die Landung war. Seinen Amtsgeschäften konnte er dennoch nicht nachkommen.

✓ Als die Familie Ó hUallacháin, die anglisierte Fassung ihres Nachnamens lautet Houlihan, Ende des 19. Jahrhunderts von Limerick nach London zog, tauchte ihr Name schnell in Zeitungsartikeln und Polizeiberichten auf. Daher wird vermutet, dass sich von ihrem berüchtigten Rowdytum die Bezeichnung für aggressive Sportfans ableitet – Hooligans.

✓ Nachdem der Gastwirt PJ O'Hare 1989 auf einem Berg oberhalb von Carlingford den Anzug eines Kobolds fand, in dessen Taschen vier Goldmünzen steckten, veranstaltet man dort regelmäßig die nationale Koboldjagd. Gnome und Erdgeister wurden dabei bislang nicht gefunden, wohl aber viele neue Gläubige, die davon überzeugt sind, dass die letzten 236 überlebenden Kobolde Irlands sich in dieser Gegend verstecken. Zu fantastisch, um wahr zu sein? Die gerahmte Kleidung des Kleinen, von der Zipfelmütze bis zum waldgrünen Höschen, kann noch heute in PJ's Pub bestaunt werden. Nur die Goldmünzen fehlen. *pjoharescarlingford.ie*

✓ Auf dieses Versteck für ein kleines architektonisches Kunstwerk muss man erst mal kommen: Im Untergeschoss der Dubliner National Library beeindrucken die Vintage-Toiletten nicht nur mit makelloser Sauberkeit, sondern vor allem mit verzierten Kacheln, Buntglastüren, glänzenden Kupferrohren und bequemen Plüschsesseln, falls die Begleitung mal wieder länger braucht als man selbst. Hier erledigte sogar schon James Joyce formvollendet sein Geschäft. *nli.ie*

Schönes stilles Örtchen

✓ In Nordirland erwecken sie Geister zum Leben. Rund um den 31. Oktober steigt in Derry/Londonderry der Hallowe'en Carnival mit Dracula-Steaks und Kürbiskuchen, brodelnden Kostümparaden, Gespensterjagden, Gruseltheater und einem fulminanten Feuerwerk. Das mehrtägige Mammutprogramm ist das größte Halloween-Festival in Irland, vermutlich sogar in ganz Europa. *derryhalloween.com*

SE
FI
NO
DK
Ostsee
Nordsee
IE
NL
UK
PL
DE
BE
CZ
SK
AT
HU
FR
CH
Atlantik
HR
BA
RS
IT
PT
ES
GR
Mittelmeer

Derry/Londonderry
VEREINIGTES
KÖNIGREICH
Belfast
Newry
IRLAND
DUBLIN
Irische See
Galway
Limerick
Kilkenny
Waterford
Cork
St Davids
0
100 km

Leinster – Dublin City und der Osten

Blick über Dublin und die Dublin Bay

Leinster – Dublin City und der Osten

1. Dublins Dünen: Biosphäre Dublin Bay
2. Im 11-Uhr-Himmel: Bewley's Café
3. Seiten voller Sterne: Chester Beatty Library
4. Noch jemand Popcorn? Stella Cinema
5. Ohne Ausnahme: Glasnevin Cemetery
6. Von Rittern und Raupen: Malahide Castle
7. Ozeanisch im Abgang: Carlingford Oyster Farm
8. Den Sprung wagen: Forty Foot
9. Gemalter Glaube: The Oratory of the Sacred Heart
10. Ge(h)lassen: Wicklow Mountains
11. Wikinger auf Probe: Irish National Heritage Park

Enniskillen
Monaghan
Armagh
Downpatrick
Erne
Clones
Newry
Newcastle
Castleblayney
7
Cavan
Dundalk
Carlingford
Carrickmacross
Bailieborough
Dunleer
Longford
Boyne
Navan
6
Broomfield
5
Howth
1
3
2
Tallaght
DUBLIN
4
DUBLIN
Irische See
9
8
Dundrum
Dún Laoghaire
Sandycove Point
10
Wicklow
Killiney
Wicklow Mountains
Arklow
Thurles
Nore
Bunclody
Gorey
Callan
Enniscorthy
11
New Ross
Suir
Wexford
Waterford
Crooke
Kilmacthomas
Rosslare Harbour
0
50 km

1 Dublins Dünen

BIOSPHÄRE DUBLIN BAY

Die Pubs der irischen Hauptstadt sind berühmt, ihre Strände, Inseln und Vogelschutzgebiete hingegen kaum bekannt. Allerhöchste Zeit für einen Bootsausflug in Begleitung von Delfinen, Seeschwalben und Robben.

Um sich die täglichen Uraufführungen der Natur vom Wasser aus anzuschauen, ist der Sir John Rogerson's Quay im Stadtzentrum genau der richtige Ort. Von hier aus starten die Bootstouren über die Dublin Bay, führen gen Süden zum Hafen von Dún Laoghaire und zurück über die Bucht bis zum Fischerhafen der Halbinsel Howth. Dass die Dublin Bay im Jahr 2015 zur UNESCO-Biosphäre erklärt wurde und weltweit das einzige Biosphärenreservat ist, das sich zum größten Teil auf dem Gebiet einer Hauptstadt befindet, wissen selbst viele Dubliner nicht, können es an Bord der St. Bridget aber von den Tourguides Justin und Paula erfahren. Die beiden informieren während der Schiffsfahrt auf unterhaltsame Weise über Dublins Küste und das Biosphären-Konzept. Das basiert auf einer Art Gegengeschäft, bei dem der Mensch so mit der Natur zusammenlebt, dass ihm eine nachhaltige Nutzung möglich ist, der Schutz der biologischen Vielfalt aber gewährleistet bleibt und auf diese Weise beide profitieren.

Tourguide Paula

Vorbei an den Fähren, Frachtschiffen, Kränen und Containern in Dublins Hafen geht es hinaus auf die Bucht, begleitet von dutzenden Mitgliedern der Möwenmafia, die wie eine weiße Schleppe in der Luft flattern und es auf den Proviant der Passagiere abgesehen haben. Justin zeigt auf die beiden rot-weiß gestreiften Schornsteine eines stillgelegten Kraftwerks und erzählt, dass die 207 Meter hohen Schlote zur Heimat für ein Wanderfalkenpaar geworden sind. Der perfekte Nistplatz mit Blick über die ganze Bucht.

Aussicht vom Muck Rock, Howth

Die Stadt, Poolbeg Lighthouse, Sandymount Strand und die tintenblauen Berge von Wicklow werden hinter unserem Rücken immer kleiner, und die Morgensonne setzt weiter emsig Glanzlichter in die Welt. An der Reling stehen, dem Chor der Wellen lauschen, die mit weißen Schaummähnen zum Ufer galoppieren, und mit den Augen suchend über die weite Wasserlandschaft spazieren. Dann aber sind es doch die Tourguides, die entdecken, dass in der Ferne Delfine durch das Wasser pflügen oder ein Schwarm von Brachvögeln Kurs auf North Bull Island nimmt. Diese kleine Insel ist erst vor rund 200 Jahren durch den Bau zweier Seewälle entstanden. Seitdem diese den Dubliner Hafen vor der Verlandung schützen und Schiffen eine freie Passage sichern, lagern sich Sand und Sedimente weiter nördlich ab. Seit Ende der 1820er-Jahre wächst deshalb vor der Küste des Dubliner Vorortes Clontarf eine immer größer werdende Sandbank, die inzwischen fünf Kilometer lang und rund einen Kilometer breit ist. Bei Ebbe faulenzen Seehunde an der Nordspitze der Insel, die mit Salzwiesen, Sumpf, Dünen und Watt ganzjährig ideale Lebensräume für Austernfischer, Grau-

Uferschnepfe

reiher, Schilfrohrsänger und Regenpfeifer bietet. Da Dublin direkt am Atlantic Flyway, eine Fernstraße für Zugvögel liegt, treffen zu Beginn des Winters Tausende Ringelgänse aus der Arktis in der Dublin Bay ein und machen auf Bull Island Station.

Hafenbewohner

Mit ein wenig Glück wartet am Ende der Bootstour noch ein besonderes Empfangskomitee – Robben, die mit tiefschwarzen Augen neugierig aus dem Hafenbecken von Howth lugen und einen dicken Knoten in unser Erinnerungstaschentuch binden.

Info

Lage: Sir John Rogerson's Quay liegt im Westen Dublins.

Adresse: Abfahrtsort ist der Sir John Rogerson's Quay, Grand Canal Dock, Dublin, an der Samuel Beckett Bridge gegenüber dem Ferryman Pub.

Websites:
- *dublinbaycruises.com*
- *dublinbaybiosphere.ie*

HINWEISE:
- Auch mit der DART-Bahn oder Bussen der Linien H3 oder 6 gelangt man vom Stadtzentrum in knapp 30 Minuten auf die Halbinsel Howth, wo mehrere gut markierte Wanderwege die Klippen entlang und auf die heidevioletten Hügel führen.
- Nach Bull Island nimmt man den Dublin Bus 6 Richtung Howth bis zur Haltestelle Causeway Road, Raheny. Von dort sind es 15 Minuten Fußweg bis zu den Dünen von North Bull Island. *transportforireland.ie*
- Wer Papageientaucher beobachten möchte, kann in den Sommermonaten von Howth aus die Insel Irland's Eye ansteuern. *irelandseyeferries.com*

2 Im 11-Uhr-Himmel

BEWLEY'S CAFÉ

Das legendäre Kaffeehaus in der Grafton Street gehört zu Irlands Hauptstadt wie das Trinity College und die Guinness-Brauerei. Statt Touristen im Sightseeing-Stress trifft man hier Iren in Alltagslaune bei kolumbianischem Filterkaffee, Earl Grey und ungarischem Flüchtlingskuchen.

Ob ein Pappbecher, auf dem mein mit Filzstift gekritzelter Namen prangt, den zu nennen ich bei der Bestellung genötigt wurde, als Serviceleistung mit besonders persönlicher Note gewertet werden sollte, interessiert mich nicht die Bohne. Kaffee aus Deckeln mit verkümmertem Schnabeltassenausguss,

Teatime

der nach verflüssigten Depressionen und Verderben schmeckt, bleibt für alle Zeit verzichtswürdig. Geklonte Coffee-Shops zu meiden, fällt in Dublin erfreulicherweise leicht. Klassische Cafés im Stil Wiener Kaffeehäuser sind auch in der irischen Hauptstadt rar geworden, doch das Bewley's in der Grafton Street bewahrt seinen altmodischen Charme seit fast 100 Jahren und darf somit als ein Denkmal des guten Geschmacks und der Lebensart gesehen werden. Zeiten der Kriege und Krisen hat das Traditionshaus mit der auffälligen Mosaikfassade überstanden und präsentiert sich mit samtgepolsterten Bänken, typischen Kaffeehausstühlen, marmornen Tischen und handbedruckten Tapeten so stilvoll

Kunstgenuss

und schwelgerisch wie eh und je. Gründer Ernest Bewley investierte hohe Summen, um ein Café zu schaffen, das anders als alle anderen der Stadt werden sollte. Mit dem Kauf der exorbitant teuren, jedoch lichterloh glühenden Buntglasfenster des genialen irischen Glasmalers Harry Clarke riskierte er sogar beinahe den Bankrott.

Das 1927 eröffnete Café setzt nicht allein ästhetische, sondern auch kulinarische Maßstäbe. Der Duft frisch gerösteter und gemahlener Bohnen zieht durch alle Stockwerke. Suchtgefahr lauert bei den buttrig weichen Zimtbrötchen oder den ofenwarmen Scones, die mit salziger Butter, süßer Sahne und Erdbeermarmelade zum Nachmittagstee serviert werden. Alle guten Vorsätze fahren lassen muss man beim Mary Cake, ein Mini-Kuchen mit gehaltvoller Cremefüllung, Schokoladenüberzug und Marzipan-Topping. Für Generationen von Dubliner Naschkatzen war diese stimmungsaufhellende Kalorienbombe ihr Kaffeekränzchen-Favorit. Das Rezept stammt aus Budapest. Nach der Niederschlagung der ungarischen Revolution 1956 war Konditormeister Henrik Spelter aus der ungarischen Hauptstadt nach Dublin geflohen, wo er eine Anstellung als Bäcker bei Bewley's fand und an der süßen Geschichte des Cafés mitschrieb.

Sein Mary Cake und die entspannte Atmosphäre des Kaffeehauses gehören zu den Dingen, die das Leben in Dublin lebenswerter machen, oder wie es im Folksong The Dublin Saunter heißt: „For Dublin can be heaven with coffee at eleven."

Kaffeehauskultur

Info

Lage: Bewley's Café liegt im Zentrum Dublins.

Adresse: 78-79 Grafton Street, Dublin, D02 K033

Website: *bewleys.com*

HINWEISE:

- Im obersten Stockwerk zeigt Beley's Cafe Theatre regelmäßig Kleinkunst und Comedy. *bewleyscafetheatre.com*
- Der Onlineshop versendet den hervorragenden Bewley's-Tee auch direkt nach Hause.
- Stilvoll lässt sich der Kaffee auch im Art-déco-Ambiente des Café-en-Seine trinken. *cafeenseine.ie*

3 Seiten voller Sterne

CHESTER BEATTY LIBRARY

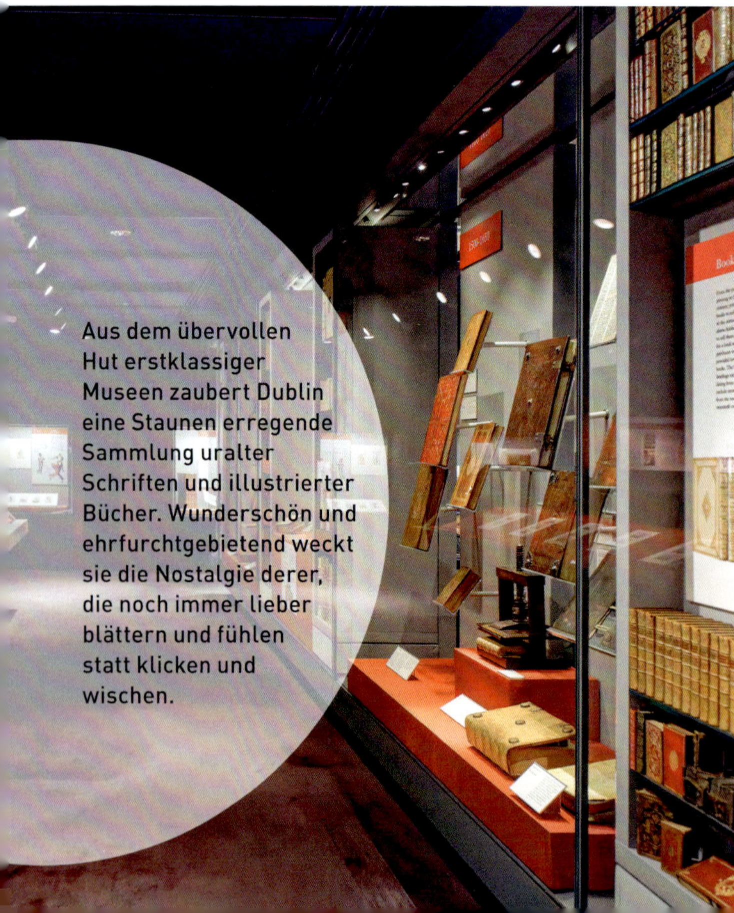

Aus dem übervollen Hut erstklassiger Museen zaubert Dublin eine Staunen erregende Sammlung uralter Schriften und illustrierter Bücher. Wunderschön und ehrfurchtgebietend weckt sie die Nostalgie derer, die noch immer lieber blättern und fühlen statt klicken und wischen.

Es heißt, wenn man die Spitze der Warteschlange vor der alten Bibliothek des Trinity College endlich erreicht hat und immer noch miteinander spricht, sei man so gut wie verheiratet oder lasse sich nicht so schnell scheiden. Worte des Trostes, die den Durchhaltewillen aller stärken sollen, die unbedingt das Book of Kells bewundern wollen. Klüger wäre es, das Date mit der legendären Bilderbuchbibel auf die Nebensaison zu verschieben. So bleibt einem auch viel mehr Zeit für Dublins anderen großen Schriftenschatz in der Chester Beatty Library. Deren Kollektion von historischen Handschriften, Meisterwerken des Buchdrucks, seltenen Miniaturen und Artefakten hatte der Millionär Sir Alfred Chester Beatty zusammengetragen und im Jahr 1968 dem irischen Staat vermacht.

Eine feierliche Aura umgibt die prächtig ausgeleuchteten Vitrinen, in denen einzigartige Bücherpersönlichkeiten und überwältigend schöne Kalligrafien gezeigt werden. Die filigranen Illustrationen der besten persischen Miniaturmaler des Mittelalters strahlen selbst nach Jahrhunderten noch so klar, als wären sie gestern erst getrocknet. Zarte japanische Schriftrollen rühren mit der fließenden Harmonie ihrer anmutigen Zeichen, die Leuchtkraft eines einzelnen Buchstabens einer reich geschmückten Koranausgabe macht sogar Mond und Sternen Konkurrenz, und in die vollkommene Ästhetik geschnitzter Jadetafeln aus China können sich die Betrachter über Stunden verlieren. Ob babylonische Keilschrifttafeln, indonesische Bücher aus Baumrinde, ägyptische Papyrustexte, mittelalterliche Klostermanuskripte oder eine

Alte Koranausgabe

Gekonnt in Szene gesetzt

Edle Bibel

der ersten Druckausgaben der Bibel – in allen Werken ist die geballte Weisheit und Gelehrsamkeit der großen Kulturen der Welt versammelt. An ihnen lassen sich die Epochen des Reichtums, des Glanzes, der Religiosität erkennen, aber vor allem sind sie Ausdruck einer ungeheuren Wertschätzung für Bildung.

Sie zu mehren und die Geheimnisse des Lebens zu ergründen, war auch das Ziel des chinesischen Kaisers Yongle. Der hatte im 15. Jahrhundert eine Enzyklopädie in Auftrag gegeben, die das Wissen der Welt enthalten sollte, ein Projekt von unfassbarem Ausmaß. Die Themen, mit denen sich über 2000 Gelehrte beschäftigten, reichten von Landwirtschaft und Kunst über Wahrsagerei bis zu Naturphänomenen und Gesellschaftsfragen. 11.095 Bände umfasste das chinesische Wikipedia schließlich. Leider ist keines der ursprünglichen Bücher erhalten geblieben, wohl aber einige hundert Kopien aus späteren Jahrhunderten. Drei davon besitzt die Chester Beatty Library. Die digitalen Informationen auf der Festplatte oder aus der virtuellen Wolke werden niemals auch nur eine annähernd ähnlich faszinierende Wirkung entfalten wie diese großen, schmalen Bücher voller chinesischer Kalligrafie.

Lage: Die Chester Beatty Library liegt im südwestlichen Zentrum Dublins.

Adresse: Dublin Castle, Dublin 2, D02 AD92

Website: *chesterbeatty.ie*

Info

4 Noch jemand Popcorn?

STELLA CINEMA

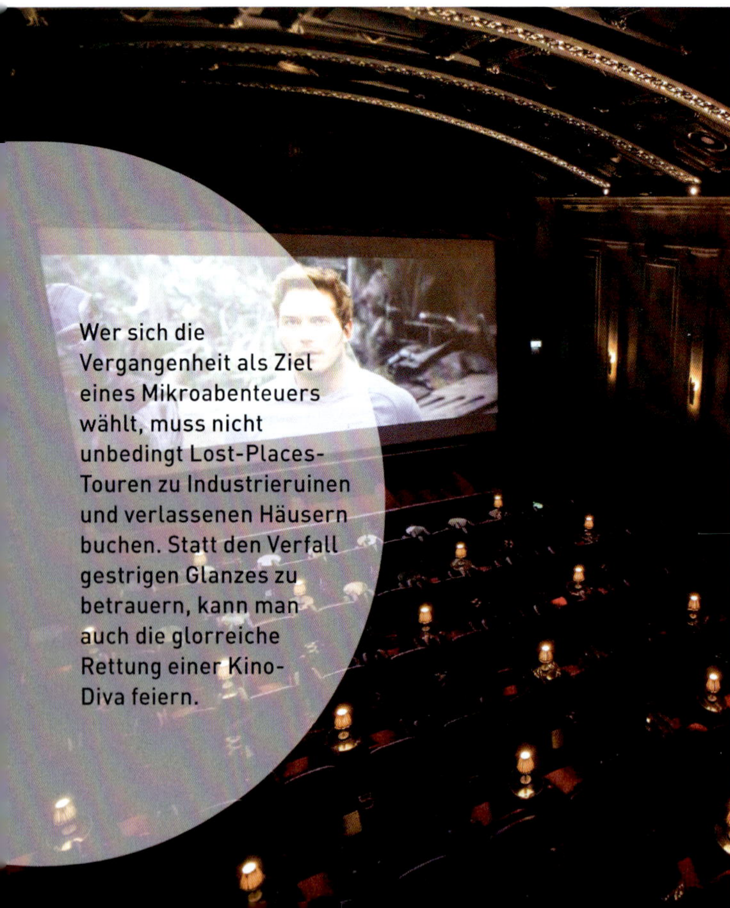

Wer sich die Vergangenheit als Ziel eines Mikroabenteuers wählt, muss nicht unbedingt Lost-Places-Touren zu Industrieruinen und verlassenen Häusern buchen. Statt den Verfall gestrigen Glanzes zu betrauern, kann man auch die glorreiche Rettung einer Kino-Diva feiern.

Uns erscheint Geschichte besonders attraktiv, wenn sie in Gamaschen, mit Monokel und zu Grammofonmusik daherkommt. Mit zeitlichem Sicherheitsabstand lässt sich leicht schwärmen, weil man sich nicht ins Korsett schnüren und in rumpelnden Kutschen einen Bandscheibenvorfall riskieren muss? Mag sein. Früher war eben nicht alles besser, aber vieles sehr viel schöner – so schön wie das Stella Cinema im Dubliner Vorort Rathmines zum Beispiel. Seine nostalgische Anziehungskraft entfacht eine große Leidenschaft für die Ära glamouröser Lichtspielhäuser und für die Erinnerungen fremder Menschen, die darin gespeichert sind.

Als das Art-déco-Kino 1923 eröffnet wurde, bot es seinem Publikum filmische Fluchten vor der Realität einer erzkatholischen und autoritären Nation. Mit 1283 Plätzen war es damals das größte Kino des Landes. Jahrzehnte bevor uns erst das Fernsehen, später dann das Internet und Streaming-Anbieter an die heimischen Sofas klebte, waren auch die Iren vom Kino geradezu besessen. Kein Wunder, war und ist Irland doch das Land der

Kinofoyer

Stilvoller Filmgenuss

Geschichtenerzähler, weshalb es auch stets eine der höchsten Raten von Kinobesuchern pro Kopf in Europa verzeichnete. Allein in Dublin und den nahen Vororten gab es noch bis zur Mitte der 1950er-Jahre rund 60 Kinos, eines prächtiger als das andere. Doch kaum eines hat sich gegen die Konkurrenz der geklonten Multiplex-Centren behaupten können, auch das Stella Cinema nicht. Erst nach langen Jahren des Leerstands und der Vernachlässigung erinnerte sich eine Investorengruppe an dieses historische Wahrzeichen Dubliner Kultur und begann mit der Wiedererweckung des Filmpalastes. Sie gaben ihm die Opulenz des Art déco zurück, und sein alter Zauber wirkt noch immer.

Dunkle Holzvertäfelungen, Mosaikböden und Messinggeländer, Marmortreppen und verspiegelte Gänge – die Botschaft des Foyers ist klar: Ein Kinobesuch ist wieder ein besonderer Anlass. Der Zuschauerraum umfasst nur noch 216 sehr geräumige Plätze, bewahrt aber den charakteristischen Stil der alten Kinobühne mit einer von Vorhängen eingerahmten Leinwand. Davor purpurrote Ledersessel, Fußhocker, um die Beine ausstrecken zu können, sanft schimmernde Vintage-Lampen und kleine Beistelltische, auf denen Häppchen und Getränke serviert werden. 2021 wurde das Stella Cinema zu einem der 20 schönsten Kinos der Welt gekürt. Eine verdiente Auszeichnung für einen großartigen Grund, die Fernbedienung gar nicht erst in die Hand zu nehmen.

Info

Lage: Das Stella Cinema liegt in Rathmines. Der Stadtteil liegt im südlich des Zentrums von Dublin.

Adresse: 207-209 Rathmines Road Lower, Rathmines, Dublin 6, D06 W403

Website: *stellacinemas.ie/rathmines*

HINWEIS: Cineasten sei der Besuch des Irish Film Institute mit mehreren Kinos und einem großen Filmarchiv empfohlen. *ifi.ie*

5 Ohne Ausnahme

GLASNEVIN CEMETERY

Die Geschichte Irlands lässt sich anhand von Gräbern erzählen. Keine Worte braucht es jedoch, um die Seele der Stadt Dublin zu beschreiben, die spürt man auf dieser weiten Trost- und Trauerlandschaft überall.

Schöne Aussicht, viele Bäume und stille Nachbarn – auf die Idee, dass dies ein wunderbarer Ort zum Verweilen ist, kommt man auch ohne die ausdrücklichen Aufforderungen „Bleib ein Weilchen!" oder „Setzt euch und plaudert!". Eingraviert auf zwei Grabsteinen wirken diese Inschriften allerdings enorm eindringlich. Wer kann Toten schon den letzten Willen versagen? Gut, dass sich nicht jeder Verstorbene mit Wünschen an seine Besucher richtet. Schließlich fanden mehr als 1,5 Millionen Menschen auf dem Glasnevin Cemetery ihre letzte Ruhestätte. Normalsterbliche und Nationalhelden, Namenlose, die in Massengräbern bestattet wurden, Katholiken, Protestanten, Muslime und Atheisten, Sünder und Gottgefällige, nicht getaufte Kinder und Selbstmörder – Glasnevin hat für alle Platz. Den Anfang hatte der erst elfjährige Michael Carey gemacht, der am 22. Februar 1832 als Erster auf dem neu eingeweihten Friedhof beigesetzt wurde. Michaels Grab liegt am einstigen Haupteingang Glasnevins. Von dort aus ist es nur einen Kranzwurf weit entfernt zum John Kavanagh's Pub „The Gravediggers". Bis in die 1980er-Jahre habe der Wirt den Totengräbern das ein oder andere Bierchen durch ein Loch in der Friedhofsmauer herübergereicht. Reine Legende, sagen die His-

Irlands größter Friedhof

toriker. Wahr ist allerdings, dass die Trauernden früher auf ihrem Weg von der Innenstadt bis zum Friedhof im Dubliner Norden an so vielen Pubs vorbeikamen, dass sie schließlich fröhlicher an den Gräbern standen, als es einer Beerdigung angemessen ist. Bestattet wurde schließlich nur noch vormittags, bevor die Kneipen öffneten. Brendan Behan, der legendäre „Trinker mit einem Schreibproblem", wird aber bestens versorgt. Zumindest an seinem Geburtstag, da stellt ihm ein anonymer Verehrer alljährlich ein Pint aufs Grab.

Hunderter solcher Geschichten haben die Tourguides in petto. So oft wie bei einer Führung über den Glasnevin Cemetery werden Sie vermutlich nie wieder auf einem Friedhof lachen. Mit Humor lässt sich Irlands vertrackte und gelegentlich ziemlich gruselige Historie auch viel besser ertragen. Beispielsweise diente die meterhohe Mauer, die den alten Teil des Friedhofs mit ihren Wachtürmen umgibt, dem Schutz vor Leichenräubern. Für ihre anatomischen Forschungen brauchten die Mediziner ständig neues Menschenmaterial und zahlten gut dafür. Erwachsene hatten einen Festpreis und brachten im guten Zustand rund drei Pfund ein. Kinder wurden nach Größe verkauft.

Steinmetzkunst

Diese Geschichte ist ebenso obligatorische auf der Glasnevin-Tour wie der Besuch von Gräbern berühmter Politiker, Revolutionäre und Musiker wie Daniel O'Connell, Michael Collins, Maud Gonne und Luke Kelly. Die herzergreifendsten

Ruhestätten findet man aber erst später, wenn man allein an keltischen Kreuzen und efeuumrankten Engeln vorbeispaziert und den überaus schlichten Grabstein beinahe übersieht, in den die Liebe in Stein gemeißelt wurde. Seine Gravur erinnert an „die beste kleine Frau der Welt, ohne Ausnahme".

Endlose Trauerlandschaft

Lage: Glasnevin Cemetery liegt nördlich des Zentrums von Dublin.

Info

Adresse: Finglas Road, Glasnevin, Dublin 11, D11 XA32

Website: *glasnevinmuseum.ie*

HINWEISE:

- Über die Webseite können auch verschiedene Friedhofstouren-Touren gebucht werden.
- Direkt nebenan liegen die Botanic Gardens, deren Mittelpunkt der Gewächshauspalast aus Glas und Eisen von Richard Turner ist. *botanicgardens.ie*

6 Von Rittern und Raupen

MALAHIDE CASTLE

Irlands Gedächtnis sind die Herrenhäuser und Schlösser des anglo-irischen Adels. Sie speichern Geschichte, bieten genialen Gärtnern eine Bühne und gewähren Geistern ein Zuhause. Doch nur ein einziges Anwesen beglückt sogar Lepidopterologen.

Nach all den architektonischen Abscheulichkeiten in unseren Großstädten freuen wir uns, wenn zur Abwechslung mal keine Nacktbetonriegel oder um Stahl gewickelte Glasscheiben die ästhetischen Sinne beleidigen. Stattdessen lässt uns die geballte Romantik des alten Irlands hemmungslos sentimental werden, so märchenhaft schön ist Malahide Castle mit seinen trutzigen Mauern und zinnenbekrönten Türmen. Umgeben von einem großen Park voller uralter Bäume, exotischer Pflanzen und gusseiserner Gewächshäuser lockt eines der ältesten Schlösser des Landes in das charmante Küstenstädtchen Malahide, knapp fünfzehn Kilometer nördlich von Dublin.

Dort hatte der anglo-normannische Ritter Richard Talbot im Jahr 1185 Ländereien erhalten – ein großzügiges Dankeschön für seine eifrigen Dienste bei der Eroberung Irlands. Nach der Errichtung ihres Stammsitzes musste Familie Talbot 791 Jahre lang ihre Anschrift nicht ändern. Der Nachsendeauftrag bei der Post wurde erst fällig, als die letzte Schlossherrin Rose Talbot Anfang der

Märchenhaft

1970er-Jahre die verflixt hohe Erbschaftssteuer für das Anwesen nicht aufbringen konnte. Sie sah sich gezwungen, erst die einzigartige Sammlung irisch-georgianischer Möbel zu verhökern und Malahide Castle dann dem Staat zu überlassen.

Auch wenn der Versuch, die in alle Welt verstreuten Familienschätze wieder zurückzuholen, nur mäßigen Erfolg hatte, präsentiert sich das Schloss so schön, wie Nostalgiker sich die irische Vergangenheit eben vorstellen. Wenn sich das alte Tor der Erinnerung bei einer geführten Tour öffnet, gibt es den Blick frei auf einen der schönsten mittelalterlichen Bankettsäle des Landes, auf Stuckdecken, Kamine im Empire-Stil, Kronleuchter, flämische Schnitzereien und auf eine beeindruckende Porträtsammlung. Goldgerahmte Männergesichter unter riesigen Perücken und ernst dreinschauende Damen. Einige dieser Lords und Ladys haben offenbar auch posthum noch Rechnungen miteinander zu begleichen, spuken stöhnend durch die Gänge und verschaffen Malahide Castle damit einen vordersten Platz in der Liga der heimgesuchtesten Schlösser Irlands.

Das Schmetterlingshaus

Davon unbeeindruckt sammelte Milo Talbot, der letzte Baron von Malahide und ein leidenschaftlicher Botaniker, exotische Pflanzen für die Gärten hinter seinem Schloss. Dort gedeihen japanische Perlschweifsträucher und Eukalyptusbäume neben Rosenstöcken und Alpenveilchen, und durch eines der Gewächshäuser schwirren schillernd bunte Schmetterlinge. In kleinen Vitrinen lassen sich ihre einzelnen Entwicklungsstadien verfolgen, vom Ei bis zur nimmersatten Raupe, von der Puppe bis zum schimmernden Falter. Keine Frage, in welchem Teil von Malahide Castle Eltern nach ihren Kindern suchen sollten.

Zebrafalter

Prächtiger Monarch

Info

Lage: Malahide Castle liegt etwa 14 Kilometer nördlich des Zentrums von Dublin.

Adresse: Back Road, Broomfield, Dublin, K36 YP65

Website: *malahidecastleandgardens.ie*

HINWEISE:

- Für Kinder gibt es neben dem Schmetterlingshaus auch den fast zwei Kilometer langen Fairy Trail zu entdecken, der verspricht, jeden bis zum Alter von 102 Jahren in die Welt der Kobolde zu entführen.
- Seit 2007 ist das Gelände von Malahide Castle auch Bühne für Konzerte.

7 Ozeanisch im Abgang

CARLINGFORD OYSTER FARM

Auf der Gourmet-Checkliste stehen sie ganz weit oben. Traditionell mit dunklem Soda-Brot und malzig-herbem Guinness serviert, können im County Louth aber auch Menschen, die nicht mit Essen prahlen wollen, die kulinarische Kontaktaufnahme zur Auster wagen.

Was kann die Auster dafür, wenn sie auch von Angebern gegessen wird? Auf die erste Seite der Speisekarte eines Fischrestaurants gedruckt, fegte diese vortreffliche Frage mein Vorurteil, der Star unter den Schalentieren sei eine dekadente Delikatesse, ein für alle Mal vom Tisch. Dennoch schloss sich der Zaun meiner Zähne schon bei der bloßen Vorstellung an kalten Glibber zu einem unüberwindlichen Verteidigungsbollwerk. An Kapitulation war auch noch nicht zu denken, als ich mich aufmachte, den 2021 eröffneten Seafood Trail im County Louth zu entdecken. Der

Austernbänke

verknüpft nicht allein die 14 schönsten Aussichtspunkte entlang der rund 70 Kilometer langen Küste von Drogheda bis Omeath, sondern lenkt die Meeresfrüchte-Pilger auch zu 49 Restaurants und neun Produzenten. Von Dunany-Krabben über Seeteufel bis hin zu Hummer und Schwertmuscheln aus der Dundalk Bay kann man an den verschiedenen Schlemmer-Stopps probieren und sich in den Betrieben erklären lassen, wie nachhaltige Fischerei gelingt oder mit welcher Methode Meersalz gewonnen wird.

Austernfarm-Tour

Auch die Austernfarm von Kian Louët-Feisser ist Teil des Seafood Trails. „Carlingford ist einer der besten Orte auf der ganzen Welt, um Austern zu züchten“, erklärt er. Davon war bereits sein Vater Peter überzeugt. Als er Anfang der 1970er-Jahre aus den Niederlanden nach Irland auswanderte, fand er im Carlingford Lough eine auffallend tropfenförmige Auster und beschloss die Edel-Muscheln zu züchten. Eine hervorragende Entscheidung, denn die EU stuft Carlingfords Wasser in die Güteklasse A ein, die beste, die es gibt. Wenn die Flut weicht, kann Kian seinen Besuchern die langen Reihen der Metallgehäuse zeigen, die aus dem Schlick emporragen. Drei Jahre brauchen er und sein Team, um eine Carlingford-Auster bis zur Marktgröße heranzuziehen. Sie schütteln, wenden und kontrollieren in dieser Zeit Tonnen von Austern in sorgsamer Handarbeit. Die Schalentiere indes filtern fleißig Nährstoffe aus dem Wasser. Weil von den Berghängen im nord-

Schlürfbereit

irischen County Down Süßwasser in die Republik Irland fließt und auch im Carlingford Lough landet, spricht Kian gern von der grenzüberschreitenden Zusammenarbeit, die seinen Meeresfrüchtchen ihren unverwechselbaren Geschmack verleiht.

Bon appétit!

Zögerlichen Austern-Anfängern zeigt Kian noch die richtige Technik des Öffnens. Er greift ein kurzes, stabiles Messer, sticht ins Scharnier der Auster und dreht die Klinge einige Mal hin und her, bis es nach einem letzten, kräftigen Ruck knackt. „Nichts geht über das Aroma einer frischen, rohen Auster", wirbt er lachend und rät „Gut kauen!" Meereswellen, die erst nur salzig, dann leicht nussig und süßlich schmecken, belohnen meinen Mut, mit dem ich nicht nur das Fenster meiner Neugier, sondern auch meinen Mund geöffnet habe, mahnen aber auch, nicht wieder Jahrzehnte damit zu warten, sich Irland auf der Zunge zergehen zu lassen.

Info

Lage: Carlingford ist etwa 100 Kilometer in nördlicher Richtung von Dublin entfernt. Die Carlingford Oyster Farm liegt ca. drei Kilometer südlich von Carlingford.

Adresse: Mullatee, Carlingford, County Louth

Website: *carlingfordoystercompany.ie*

HINWEISE:

- Die Schlemmertour über den Seafood Trail führt von Drogheda über Port Beach, Blackrock und Carlingford nach Omeath. *sealouth.ie*
- Jährlich im August lädt Carlingford zum mehrtägigen Oyster Festival. *visitcarlingford.com*

8 Den Sprung wagen

FORTY FOOT

Keine Lust auf Badewannentemperaturen, Chlorbecken, Wasserrutsche und nerviges Gedränge am 5-Meter-Brett? Dann zeigt Ihnen die Irische See doch gerne mal die kalte Schulter.

Sommertag am Forty Foot

Während ich die in den Fels gehauenen Stufen hinabsteige, kann ich weit draußen die bunten Kappen der Badenden erkennen, die ihre Bahnen bis zu den Bojen ziehen, mit denen das Ende des Schwimmbereichs markiert wird. Bestimmt auch alles keine hartgesottenen Polar-Abenteurer, versuche ich mich zu beruhigen. Erst die Zehen langsam eintauchen, und wenn dann keine Schnappatmung einsetzt, langsam weitergehen, bis einem das Wasser an die Knie reicht. Na bitte, meine in der Ostsee erprobte Technik bewährt sich auch hier.

Ein Schritt noch – und was dann folgt, ist die bislang kälteste Umarmung meines Lebens. Das hat man nun davon, wenn man den Rat „do as the locals do" beherzigt. Es zu machen wie die Einheimischen, kann einem zwar manche Touristenfalle ersparen, in letzter Konsequenz aber klappernde Zähne und Gänsehaut bedeuten.

Baderegeln

Die radikale Abkühlung im Forty Foot-Bad gehört für viele Dubliner zum traditionellen Freizeitvergnügen. Seit 250 Jahren ist das von Felsplateaus umrahmte Meerbecken im Küstenort Sandycove der „place to be" für hartgesottene Iren. Bis in die 1970er-Jahre frönten hier ausschließlich Männer dem Nacktbaden. Dann eroberten sich die Frauen den Ort. Seitdem ist Badebekleidung zwar Pflicht, Forty Foot pflegt aber weiterhin seinen Kultstatus, zu dem sogar der Schriftsteller James Joyce beigetragen hat. Im ersten Kapitel

Ab ins Nass!

seines Ulysses-Romans steht ein Tauchgang in das „den Hodensack straffende Meer" bei Sandycove an. Die jungen Männer, die direkt vom Felsen ins Wasser springen, fürchten blitzartige Gefäßverengung und steigenden Puls offenbar nicht. Ihre Freundinnen wählen den sanfteren Einstieg von der kleinen Sandbucht aus, die direkt um die Ecke liegt.

Gewagter Sprung

„Eigentlich gar nicht so schlimm", schnaufe ich, als ich nach zehn Minuten wieder aus der See steige und wohlig wallende Endorphine spüre. Statt Beifall und meiner Ernennung zur Irin ehrenhalber gibt es von einem kernigen Senior jedoch nur die leichte Andeutung eines anerkennenden Nickens, gefolgt von dem Hinweis: „Bei 14 Grad im Sommer ist es ja nur der halbe Spaß." Er gehört zur Crew der Ganzjahresschwimmer, die selbst unter schwacher Januarsonne wacker im strähnigen Wind stehen, bevor sie in das atemaussetzend kalte Wasser der Dublin Bay hüpfen. Seine Haut ist runzelig, doch er hat eine fabelhafte Kondition und einen hellwachen Geist. Forty Foot ein Jungbrunnen? Dann gilt erst recht: Do as the locals do!

Info

Lage: Sandycove liegt etwa 13 Kilometer südwestlich des Dubliner Zentrums.

Adresse: Sandycove Point, Sandycove, County Dublin

Website: *dlrcoco.ie/en/40-foot*

HINWEIS: Das Bad ist nur für gute Schwimmer geeignet. Achten Sie auf Strömungen und Felsen unter Wasser.

9 Gemalter Glaube

THE ORATORY OF THE SACRED HEART

Mit offenem Mund Wände anzustaunen, gehört zu den einzigartigen Erfahrungen, die man nur in Dún Laoghaire machen kann, weil die fantasievollsten Träume dort mit Leichtigkeit von der Wirklichkeit übertroffen werden.

Was wird erinnert, was vergessen? Eine Gedächtnis-Inventur mit der Frage, welches der vielen irischen Gotteshäuser den größten Eindruck bei mir hinterlassen hat, kommt zu einem eindeutigen Ergebnis – das Oratory of the Sacred Heart. Die kleine Kapelle tarnt sich so verflixt gut hinter einer schützenden, ganz und gar unreligiös wirkenden Außenhülle, dass sogar viele Einwohner von Dún Laoghaire nicht wissen, welchen Schatz ihr Städtchen da hütet. Nicht wenige, die ich nach dem Weg gefragt habe, interessiert es auch gar nicht besonders. Was soll denn bitte so umwerfend anders sein als an all den anderen Kirchen? Überall erwartet einen schließlich das immer gleiche Inventar: Madonnen, Heilige, Engel und Propheten, Kreuzigung und Himmelfahrt – mal gemalt, mal gemeißelt. Doch beim Betreten des Oratory of the Sacred Heart geht eine gewaltige Lawine schillernder Farben und Formen auf die Besucher nieder, erfasst sie und zieht sie mitten hinein in die mystische Malerei. In Rubinrot, Silberweiß, Knallgelb und Smaragdgrün glüht und flackert da

Unscheinbares Äußeres

Blick zum Altar

ein regenbogenbuntes Medley aus verschlungenen Ornamenten, Kreuzen und Spiralen an den Wänden und macht den Betrachter vollkommen schwindelig. Überall wimmelt es von grinsenden Schlangen, tanzenden Drachenvögeln, goldenen Katzenwesen, langhaarigen Mönchen und Oktopustentakeln, die sich zu Schlaufen winden.

Lillys Lebenswerk

Glühende Farben

Was da Hirne überfordert und Herzen hüpfen lässt, ist das Werk einer einzigen Frau. Die Dominikanernonne Mary Concepta, bekannter unter ihrem weltlichen Name Lilly Lynch, verbrachte von 1920 bis 1936 jede freie Stunden in der Kapelle, um ihren Gebeten Farbe zu geben. Inspiriert vom berühmten Book of Kells und von der keltischen Renaissancemalerei, hatte Lilly christliche, islamische, byzantinische und koptische Formen miteinander verwoben und so ihren eigenen, auffallend fröhlichen Stil entwickelt. Mit ihren überschäumenden Fantasien schuf sie in der kleinen Kapelle in Dún Laoghaire einen unverwechselbaren Kosmos. In ihn zu verschwinden, um sich Lillys Farbenrausch hinzugeben, ist ein Erlebnis sondergleichen, das lebenslänglich nachhallen wird.

Info

Lage: Die Kapelle Oratory of the Sacred Heart liegt etwa elf Kilometer südwestlich vom Zentrum Dublins.

Adresse: Library Road, Dún Laoghaire, County Dublin, A96 XD70

Websites:
- *dunlaoghairetown.ie*
- *webcloudone.com/oratory*

HINWEIS: Die Kapelle ist der Öffentlichkeit nicht täglich zugänglich. Besichtigungstermine listet der Veranstaltungskalender auf *dlrcoco.ie*

10 Ge(h)lassen

WICKLOW MOUNTAINS

Wenige Kilometer von Dublins wuseligem Zentrum entfernt breitet sich die Gebirgslandschaft der Wicklow Mountains aus. Im schönsten Wandergebiet der irischen Ostküste war schon Samuel Beckett gerne unterwegs.

Generationen irischer Kinder haben sich von ihren Eltern zu Wanderungen in den Bergen von Wicklow überreden lassen, weil sie glaubten, der kegelförmige Great Sugar Loaf sei ein Vulkan. Wer will schon den Ausbruch von Zucker-Lava verpassen? Tatsächlich besteht die markante Landmarke jedoch aus Quarzit und ist mit knapp 500 Metern auch ein ziemlicher Berg-Zwerg. Weil sich aber keine anderen Gipfel zu ihm gesellten, kann der elitäre Einzelgänger mit seinen auffälligen Proportionen spielend leicht die Wanderer becircen. Denen stehen gleich zwei Fernwanderwege zu Wahl. Der 132 Kilometer lange Wicklow Way beginnt im Dubli-

In den Wicklow Mountains

ner Vorort Rathfarnam und endet in Clonegall im County Carlow. Für die komplette Strecke sollten mindesten acht Tage eingeplant werden. Auch der mit 42 Kilometern wesentlich kürzere, aber enorm anstrengende Dublin Mountain Way von Tallaght nach Shankill empfiehlt sich nicht für eine Tagestour. Doch eine kurze Etappe, die sich wunderbar für eine kleine Großstadtflucht

Giant´s Grave

eignet, beginnt in Glencullen. Unmittelbar hinter diesem kleinen Dorf steigen die Hänge des Two Rock an, eine der höchsten Erhebungen der Dubliner Hausberge. Schon nach wenigen Minuten leuchtet einem das erste Ziel der Wanderung vor einer kleinen Fichtenlichtung entgegen – das Ballyedmonduff Wedge Tomb. Die hufeisenförmig angeordneten Steinbrocken sind die Überreste eines ungewöhnlich großen Keilgrabes aus der Bronzezeit, das auch Giant's Grave, das Grab des Riesen, genannt wird. Von hier geht es weiter durch Wiesen und Wälder, die sich immer wieder öffnen und Panoramablicke auf die Irische See freigeben, bis der knapp 540 Meter hohe Gipfel des Two Rock erreicht ist.

Fairy Castle

Ein Haufen aus Granit- und Quarzsteinen, Fairy Castle genannt, markiert dort die Stelle einer weiteren bronzezeitlichen Grabanlage. Hier kann einem das Wandern schon mal zum Spazierenstehen geraten. Die bebuschten Hügel von Wicklow im Rücken und das Panorama der Dubliner Bucht vor Augen, übt das hinreißende Landschaftsmosaik aus Farngrün, Granitgrau, Torfbraun und Tintenblau eine ungeheuer kontemplative Wirkung aus, der man sich nur schwer entziehen kann. Das erging auch dem irischen Literaturnobelpreisträger Samuel Beckett nicht anders,

der gern hier oben wanderte und schwärmerisch schrieb: „Dort unten das ferne Meer aus getriebenem Blei, die Ebene, die golden genannte, so oft besungene, die Stadt in ihrem Dunst. Man sieht die Inseln und Landzungen, man muss nur an der richtigen Stelle anhalten." Vielleicht kam ihm ja in den Wicklow Mountains die Idee, dem Warten ein Theaterstück zu widmen, dem Warten als Zustand, nicht dem Warten auf ein Erscheinen. Beckett gibt zwar keinerlei Hinweise, anhand derer sich der Schauplatz seines Stückes verorten ließe. Einen passenderen Ort als auf den Gipfel über Dublin, zwischen wilden Heidelbeeren und Königsfarn, violetten Heidekräutern, Fichten und Buchen kann man sich für das „Warten auf Godot" jedoch kaum vorstellen.

Dublin und Dublin Bay

Info

Lage: Ballyedmonduff Wedge Tomb und Glencullen liegen etwa 18 Kilometer südlich vom Zentrum Dublins.

Adresse: Wicklow Mountains, Dublin 18

Websites:

- *dublinmountains.ie*
- *wicklowway.com*

HINWEIS: Statt mit Zucker-Bergen lassen sich Kinder mit der Aussicht auf Kletterabenteuer im Hochseilgarten Tibradden Wood in die Dublin Mountains locken. *zipit.ie*

11 Wikinger auf Probe

IRISH NATIONAL HERITAGE PARK

An einem einzigen Tag durch neun Jahrtausende wandern? Für diese Zeitreise braucht es keine virtuellen Welten. In Wexford ist die Wirklichkeit spannend genug, um unserer Vorstellungskraft auf die Sprünge zu helfen.

Was geschieht, wenn Menschen, die erfolgreich Tiefkühlpizzen erwärmen, online shoppen, youtuben und einen Roboterrasenmäher durch den Garten düsen lassen, einfach mal den Stecker ziehen, um nach Art der Steinzeitmenschen Feuer zu machen? Eine Antwort darauf kann man im Irish National Heritage Park finden. Jeder Schritt nach vorn führt dort weit zurück in die Vergangenheit. Zurück zu Jägern und Sammlern, zu neolithischen Farmern und Keltenkriegern, zurück ins Zeitalter marodierender Wikinger, missionierender Christen und aufdringlicher Anglonormannen. Alle haben sie umfangreiche Kapitel zu Irlands dramatischer Fortsetzungsgeschichte beigetragen. Kann man in Archiven nachlesen oder bei einem Gang durch Raum und Zeit erleben – Historie hautnah also.

Wikingerwerft

Dazu wurden auf dem großen Freigelände des Kulturerbe-Parks nördlich von Wexford einige originalgetreue Stätten errichtet, nur mit Materialien und Methoden der jeweiligen Epoche. Strohgedeckte Nomadenhütten, keltische Wohn- und Wehranlagen, Gräber, Klöster, Wikingerwerften samt Langschiff und Wassermühlen. Parkbesucher können auf eigene Faust durch 9000 Jahre irischer Geschichte reisen oder sich führen und in die Traditionen und Techniken einweisen lassen, die einst gefragt waren. Feuermachen ist eine ganz schön kniffelige Angelegenheit, und auch in den Disziplinen Speerwerfen, Bogenschießen und Flechten macht nur Übung den Meister. Ganz erschließen wird sich dem modernen Menschen die Lebensweise seiner Vorfahren nicht, aber je mehr wir von ihnen wissen, von ihrer Sprache, ihrer Kultur und den geheimen Erinnerungen, die in Orts-und Familiennamen stecken, desto mehr begreifen wir, wie

Kleine Zivilisationsflucht

sehr sie auch das heutige Leben in Irland noch prägen. Jeder mit Nachnamen Burke, Talbot oder Fitzgerald ein Nachfahre eines Anglonormannen, jeder Higgins oder O'Loughlin ein Wikingerspross, und über das Vermächtnis der Kelten in Sprache, Glaube und Musik ließe sich an langen Lagerfeuerabenden sprechen.

Nachts am Slaney-Ufer

Wer seine Fahnenflucht aus der Welt der Mails, Chats und Streamingsdienste noch ein bisschen verlängern möchte, übernachtet in einer Wikingerhütte oder hinter den hohen Eichenpalisaden eines Ringforts. Standesgemäß wie gälische Adlige gewandet löffeln die Möchtegern-Kelten den über offenem Feuer gekochten Lamm-Gerste-Eintopf, unternehmen im Schein ihrer lodernder Fackeln noch eine kleine Mitternachtsexpedition durch den verlassenen Park und kuscheln sich schließlich in wärmende Felle. Der Irish National Heritage Park ist ein Ort, der Träume von anderen Zeiten schenkt, der Geschichte erzählt und Gedanken sät, zum Beispiel den, dass ein Leben ohne all die elektronischen Zeit- und Aufmerksamkeitsfresser vielleicht doch kein so schlechtes war.

Info

Lage: Der Irish National Heritage Park liegt etwa 130 Kilometer südlich von Dublin.

Adresse: Ferrycarrig, County Wexford, Y35 X313

Website: *irishheritage.ie*

HINWEIS: Lieber Makro- statt Mikroabenteuer? Es besteht die Möglichkeit im Park nach alter Wikinger-Sitte zu heiraten.

Munster – Counties Cork
und Tipperary

Sheep's Head Lighthouse

Munster – Counties Cork und Tipperary

12. Vom Teufel gebissen: Rock of Cashel
13. Im Bäuchlein von Cork: The English Market
14. Nie allein im Haus: The Everyman
15. Die Weite suchen: WAW ab Kinsale
16. Lilie statt Kleeblatt: Timoleague Friary
17. Im Reich der Schwämme: Lough Hyne
18. Beim Blickfänger: Der Beacon
19. Der Fügung nachhelfen: Mizen Peninsula
20. Immer den Widdern nach! Sheep's Head

Tully
Ballinrobe
Roscommon
Lough Ree
Clifden
Mountbellew
Lough Corrib - Loch Coirib
Camas
Carna
An Spidéal
Galway
Ballinasloe
Loughrea
Cill Rónáin
Birr
Lisdoonvarna
Gort
Lough Derg
IRLAND
Nenagh
Ennis
Castleconnell
Thurles
Limerick
Kilrush
12
Croom
Cashel
Tipperary
Newcastle West
Kilmallock
Abbeyfeale
Suir
Bréanainn
Tralee
Mitchelstown
Castleisland
Aughacasla
Kanturk
Mallow
Fermoy
Killorglin
Killarney
Millstreet
Cahersiveen
Youghal
Cork
Ballincollig
Kenmare
An Chillín Liath
15
Carrigaline
Baile an Sceilg
16
Dunmanway
Bantry
Kinsale
Castletownbere
20
Timoleague
17
Sheep's Head
Ballyoughtera
Baltimore Beacon
Mizen Head
18
19
14
13
Cork
0
50 km

12 Vom Teufel gebissen

ROCK OF CASHEL

Da hat Cashel eine wunderschöne georgianische Kathedrale, die faszinierende Bolton-Bibliothek, ein überaus charmantes Zentrum, doch die eigentliche Attraktion dieser Stadt im Süden von Tipperary ist – ein Felsen.

Cormac's Chapel

Die Wow-Effekte unseres Lebens haben sich verändert. Vor allem von Technik und virtueller Realität lassen wir uns heute beeindrucken. Dann aber wächst vor unseren Augen eine dramatische Szenerie aus mächtigen Mauern und Türmen, Kapellen, Kreuzen und einer prächtigen Kathedrale scheinbar mitten aus dem Fels heraus – der Rock of Cashel. Dieses gewaltige Gebilde verblüfft selbst den routiniertesten Reisenden. Es ist die eindrucksvollste Gruppe mittelalterlicher Bauwerke in Irland, die da auf einem 65 Meter hohen Kalkfelsen emporragt – die irische Akropolis. Von oben bietet sie einen weiten Blick auf das Golden Vale, ein hügeliges Weideland in der Provinz Munster. Wenn man an einem schönen Tag nach Norden blickt, kann man erkennen, woher Cashel stammen soll, vom Devil's Bit Mountain. Der trägt eine große, weithin sichtbare Kuhle in seiner Bergspitze, wo der Teufel, angeblich aus Wut über den erfolgreich missionierenden Patrick, ein Stück Stein abbiss, es aber sogleich wieder in hohem Bogen ausspuckte. So entstand aus dem satanischen Happen der Rock of Cashel.

An seinem heutigen Standort angekommen, startete er schnell seine unvergleichliche Karriere und ließ sich bereits im Altertum als Heim von Feen und Elfen verehren. Die im 4. Jahrhundert errichtete Festung wurde bald in einen Bischofssitz umgewandelt und zum traditionellen Sitz der Könige von Munster erkoren. 1101 wechselten schließlich die Besitzer. Die Kirche übernahm den Rock nun dauerhaft und schuf mit all den wunderbaren Gebäuden, angefangen von einem Rundturm bis zur aufwendig dekorierten Kathedrale, eines der brillantesten Beispiele mittelalterlicher Baukunst in Europa. Der architektonische Star der Anlage, der vielen sogar als schönstes Gebäude des ganzen Landes gilt, ist Cormac's Chapel. Türme, Steindach und Tonnengewölbe der romanischen Kapelle trotzen seit fast 900 Jahren dem Verfall, allerdings nicht ohne die kräftige Unterstützung irischer Konservatoren. Ihrer Arbeit verdanken wir, dass von den vielen herrlichen Fresken wenigstens Fragmente erhalten werden konnten. Hier

Relief der Heiligen

zieren einige klassische Szenen aus Jesus Kindheit die Bogengänge, da sind noch burgunderrote Gewänder von Mönchen und Reste blassgoldener Heiligenscheine zu erkennen. Der tiefblaue Hintergrund, vor dem sich Märtyrerhände erheben, belegt, dass irischen Kirchenmalern ein beachtliches Budget zur Verfügung stand. Schließlich musste Lapislazuli, das Gestein aus dem sie ihre ultramarine Farbe gewannen, erst aus den Bergen Afghanistans importiert werden. Während einige reiche Auftraggeber des berühmten Michelangelos die extrem hohen Beschaffungskosten scheuten, konnten irische Künstler prassen und Eindruck schinden.

Kathedrale und Rundturm

Doch selbst an den Stellen, an denen die Farben inzwischen fast völlig verblasst sind, bleibt auf der fast leeren Fläche noch schemenhaft die Idee eines Bildes zurück, ganz so, als könnte man zuschauen, wie Johannes, Petrus & Co. sich langsam in das Reich des Unsichtbaren zurückziehen. Eine Wirkung, die fast mächtiger ist als die restaurierten Malereien und der sich selbst Menschen, die von sich behaupten nicht spirituell zu sein, schwer entziehen können. So hat ein Teil des mittelalterlichen Glaubens überlebt und reicht bis in die Neuzeit hinein. Das dürfte dem Teufel den Appetit auf Berge endgültig verdorben haben.

Info

Lage: Der Rock of Cashel liegt im der südlichen Mitte Irlands, etwa 20 Kilometer nordöstlich von Tipperary.

Adresse: St. Patrick's Rock of Cashel, Cashel, County Tipperary, E25 KX44

Website: *heritageireland.ie/places-to-visit/rock-of-cashel*

HINWEISE:

- Das Gelände ist ganzjährig geöffnet.
- Das benachbarte Kulturzentrum Brú Ború zeigt die Geschichte Irlands mit Schwerpunkt auf Musik und Tanz. Im Sommer werden Konzerte und Tanzshows veranstaltet. *bruboru.ie*
- Die GPA Bolton Library in der John Street beherbergt die wichtigste Sammlung seltener und antiquarischer Bücher in Irland außerhalb von Dublin.

13 Im Bäuchlein von Cork

THE ENGLISH MARKET

Revolutionen, Kriege, Brände und Pandemien hat die Markthalle überstanden, der Konkurrenz der industriellen Supermarktprodukte getrotzt und sich so den Ruf verdient, ein kulinarisches Eldorado zu sein.

„Wir verkaufen jeden Teil des Schweins außer seinem Quieken." Der auskunftsfreudige Metzger grinst bei dieser Erklärung und deutet auf all die zartrosa bis blutroten Körperteile in seiner Auslage, die er der gastronomischen Forschung zur Verfügung stellt. Reisen bildet ja, auch den Magen. Ich verzichte dennoch darauf, meiner Verdauung gleich die schwersten Irisch-Lektionen zu erteilen und schaue nur zu, wie sich die Stammkundschaft mit Einkaufstaschen voller Crubeens und Drisheen, Schweinefüße und Blutwurst, auf den Heimweg macht. Leer ausgehen werde ich trotzdem nicht. Von glücklich gelegten Eiern und bernsteinfarbenem Honig über spanischen Oliven, allerfeinsten Käsedelikatessen, knusprigem Sodabrot und Kisten voller Kräutern reicht das Angebot. Der English Market ist der Lieferant fürs persönliche Schlaraffenland und das schon seit über 230 Jahren.

Haupteingang

Dass er 1788, also noch während der britischen Besatzung Irlands, eröffnet wurde, verrät bereits sein Name. Der Rest seiner langen Historie ist jedoch nicht so offensichtlich. Glücklicherweise sieht man ihm nämlich nicht an, dass er im Jahr 1980 durch eine Gasexplosion fast völlig zerstört wurde. Nach einer aufwendigen Restaurierung und Erweiterung des viktorianischen Gebäudes entwickelte er sich zu einem der besten Märkte Irlands. Hier treffen sich Köche, Farmer, regionale Produzenten, Einheimische und Touristen, die sich lieber von frischen Erdbeeren und cremigen Holun-

Blick von der Galerie

der-Haselnuss-Pralinen in Versuchung führen als von plastikverpackter Massenware mit Mindesthaltbarkeitsdatum, aber ohne Geschmack frustrieren lassen wollen. Sogar Queen Elizabeth II gehörte zu den überaus zufriedenen Kunden des English Market. Bei ihrem Cork-Besuch im Jahr 2011 sollen Räucherlachs und Schellfisch auf ihrer Einkaufsliste gestanden haben.

Ausgerechnet die Iren haben es also mit selbst produzierten Lebensmitteln zu hohem kulinarischen Ansehen gebracht. Das klingt wie die Pointe eines Witzes, in dem die Deutschen als feurige Liebhaber, Italiener als überkorrekte Beamtenseelen und Polen als Atheisten enden. Irlands Arme-Leute-Küche von einst war doch viel zu kohl- und kartoffellastig, um beeindrucken zu können. Ihre einzige Raffinesse bestand darin, alle Gerichte bis zur

Appetitanreger

Unkenntlichkeit zerkochen zu lassen, damit auch unappetitliche Zutaten hineingeschmuggelt werden konnten. Solche gastronomische Ungewissheiten muss man im Farmgate Café nicht fürchten. Das Lokal auf der Galerieebene der Markthalle ist der perfekte Ort, um einen hervorragenden Espresso zu trinken, dem Treiben an den Ständen zuzuschauen, dabei Fischpastete, Felsenaustern und Risotto zu genießen oder doch einmal einen der Hausmannskost-Klassiker wie Rindfleischeintopf mit Kartoffelpüree, Kutteln, Lammleber oder Blutwurst zu probieren. Volle Tische und eine lange Schlange vor der Tür sind verlässliche Zeichen dafür, dass die Köche das Beste aus den frischen Marktzutaten gemacht haben. Fazit: Ein Leben in Cork ohne den English Market ist möglich, aber furchtbar geschmacklos.

Tee oder Marmelade?

Info

Lage: Cork liegt im Süden Irlands. The English Market ist direkt im Zentrum.

Adresse: Eingänge Grand Parade und Princes Street, Centre, Cork

Website: *corkcity.ie/en/english-market*

HINWEIS: Das Ziel für Naschkatzen trägt in Cork den Namen „Shandon Sweets". Dort produziert und verkauft Familie Linehan seit 1929 allerfeinste Süßigkeiten. *shandonsweets.com*

14 Nie allein im Haus

THE EVERYMAN

Do as the locals do! Wer dieser Reiseempfehlung folgt, findet sich in Cork in einem der schönsten und traditionsreichsten Theater Irlands wieder, das sich seit über 120 Jahren einen sicheren Platz in den Annalen irischer Kulturgeschichte verdient.

Volles Haus! Nicht nur bei Premieren sind die 650 Plätze des Everyman oft ausverkauft. Dabei wunderte sich doch bereits Orson Welles darüber, „dass die Leute immer noch ins Theater gehen, nach allem, was sie in der Schule durchgemacht haben"; und wohl jeder erinnert sich an quälend langweilige Vorstellungen oder an das beschämende Gefühl, nicht intellektuell genug für das Theater zu sein, weil man von eitlen Inszenierungen rein gar nichts verstanden hat. The Everyman quält sein Publikum nicht. Dumm fühlt sich hier auch niemand, und es ist keine Seltenheit, dass man Schauspiel, Tanz, Oper, Musical und Konzert dort als pures Vergnügen und nicht als verkrampftes Kunstbemühen erlebt. Die Cor-

Treues Publikum

konians, wie die Einwohner von Irlands zweitgrößter Stadt genannt werden, danken es ihrem Everyman und haben das Theater, das über 90 Prozent seiner Mittel aus Ticketverkäufen und Spenden selbst aufbringt, auch gut durch die Corona-Pandemie gebracht.

Abzusehen war dieser Erfolg schon in den Anfängen, als das Haus im Jahr 1897 noch unter dem Namen „Dan Lowrey's Palace of Varieties" eröffnete und als typisch viktorianisches Theater mit samtroter Opulenz beeindruckte. Eigentlich für den Bau mehrerer Dutzend Leuchttürme in Japan berühmt geworden, spezialisierte sich der schottische Ingenieur Richard Henry Brunton später auf Bühnenarchitektur und hinterließ in Cork mit einem kunst-

Traumhaftes Theater

voll maurischen Design, reich verzierten Logen, einem prächtigen Proszeniumsbogen und einer dekorativen Stuckdecke einen kolossalen Kulturleuchtturm, der bis heute nichts von seinem früheren Glanz verloren hat.

Irische Theatergrößen, Hollywood-Stars und Musiklegenden haben in diesem zeitlos eleganten Saal schon Zuschauer begeistert, darunter Laurel und Hardy, Ed Harris, Herbie Hancock und Rory Gallagher. Der blasse junge Mann, den irische Kritiker 1912 als einen „der besten Pantomimen, die hier je gesehen wurden" lobten, startete kurz darauf seine Weltkarriere – Charlie Chaplin. Mit dem Aufkommen des Tonfilms ließ das Everyman fast 60 Jahre die große Leinwand flimmern, bevor es 1990 seine glorreiche Kino-Ära beendete und zu seinen Theaterwurzeln zurückkehrte.

Lassen Sie sich von den Applaus-Verwöhnten unbedingt selbst etwas vorspielen und davon überzeugen, dass künstlerischer Tiefsinn und unwiderstehliches Unterhaltungstheater kein Widerspruch sein müssen.

Info

Lage: Das Everyman liegt im Victorian Quarter im Zentrum Corks.

Adresse: 15 Maccurtain Street, Cork, T23 E094

Website: *everymancork.com*

HINWEIS: Hinter die Kulissen schauen kann man bei einer der regelmäßig stattfindenden Besichtigungstouren.

15 Die Weite suchen

WAW AB KINSALE

Auf einer der längsten Küstenstraßen der Welt unterwegs zu sein, verändert vielleicht nicht das eigene Leben, macht es aber um vieles schöner. Vorausgesetzt man lässt sich Zeit für diesen Kurvenstar.

Wild Atlantic Way (WAW) – drei Wörter, mit denen man zaubern kann, verbinden sie doch rund 2500 asphaltierte Küstenkilometer zu einer Einheit, die selbst mit dem Kalifornischen Pacific Coast Highway und der Great Ocean Road in Australien konkurrieren kann. Von der kleinen Küstenstadt Kinsale im Süden Irlands führt die Route bis auf die Inishowen-Halbinsel im äußersten Norden. Die Richtung weisen Verkehrstafeln mit zackenförmigen weißen Wellenlinien auf blauem Grund. Besonders eindrucksvolle Aussichtsstellen entlang der Strecke werden durch auffällige Metall-Logos aus rostfarbenem Stahl markiert.

Da geht's lang!

Entgegen aller Glückskeksphilosophie bleibt der Wild Atlantic Way nur der Weg und nicht das Ziel. Geadelt durch den Atlantik als stahlblauen Reisebegleiter darf man aber ganz unbescheiden vom „King of the roads" sprechen. Sein Imperium durchläuft neun Grafschaften und vereint alles was Irlands Westen in der Highlight-Kollektion hat – wellenumspülte Strände, Steilklippen und Fischerdörfer, Berge, Schlösser, Gletschertäler und vorgela-

Rosses Point Beach

Seilbahn über den Dursey Sound

gerte Inseln. Dennoch wäre es ein Fehler, im Wild Atlantic Way ein Fließband der touristischen Attraktionen zu sehen. Statt die maximale Anzahl von Sehenswürdigkeiten abzufahren, geht es um die reine Lust am Unterwegssein, und die meidet auch schon mal angebliche Höhepunkte, um eine fabelhafte Nebensächlichkeit zu finden und um zuhören zu können. Dem krächzenden Lachen

Eyeries´ bunte Häuser

der Möwen, dem Grollen des Ozeans, dem perlenden Harfenspiel der jungen Musikerin, die sich zum Üben an die Klippen setzt, oder den Geschichten der alten Männern, die aus Binsen geflochtene St.-Bridget-Kreuze am Wegesrand verkaufen und so gern vom Leben am Rand des Atlantiks erzählen.

Am Wegesrand

Info

Lage: Der WAW führt längs durch Irland.
Adresse: Start- und Ausgangspunkt des Wild Atlantic Way sind Kinsale im County Cork, im Süden, und Muff im County Donegal, im Norden Irlands.
Website: *discoverireland.ie/wild-atlantic-way*

HINWEISE:

- Für den Wild Atlantic Way sollte man sich mindestens zwei, besser drei Wochen Zeit nehmen. Alternativ lässt sich die Küstenstraße in kleineren Etappen fahren. *discoverireland.ie/wild-atlantic-way/map*
- Die beste Jahreszeit für eine Küstentour ist Mai bis September.
- Man benötigt nicht unbedingt ein eigenes Auto, sondern kann den WAW auch mit öffentlichen Verkehrsmitteln bereisen. *transportforireland.ie/plan-a-journey/network-maps/wild-atlantic-way*
- Den Soundtrack für längere Touren liefert RTÉ Lyric FM (96-99 MHz). Kultstatus genießt vor allem die Radiosendung „Marty in the morning", die werktags zwischen sieben und zehn Uhr läuft und viel Klassik, irischen Folk, dazwischen kleine Anekdoten, Wetter- und Verkehrsnachrichten bringt.

16 Lilie statt Kleeblatt

TIMOLEAGUE FRIARY

Irlands Küsten entdecken und Guinness trinken, das kann jeder. Dem speziellen Charme der vielen Kirchenruinen nachspüren, die über das ganze Land verstreut sind, das ist etwas für Menschen mit einem Faible für zurückgelassene Erinnerungen.

Mit irischen Klosterruinen soll es angeblich sein wie mit Bruce-Willis-Filmen – kennt man eine, kennt man alle. Nach dieser Logik dürfte man auch an keinen Strand mehr fahren, wenn man seine Füße schon einmal in Sand und Meer gesteckt hat. Eine besondere Spiritualität, um für den romantischen Schauwert verfallener Gotteshäuser empfänglich zu sein, braucht es jedenfalls nicht, nur Neugier auf das Gestern. Die Erinnerungen daran sind in Ruinen gespeichert, die kollektiven eines ganzen Landes ebenso wie die individuellen der Menschen, die in den Gebäuden einst gelebt, gelacht, geträumt und gebetet haben. Bis vor wenigen Jahrzehnten kam es in Irland deshalb absolut nicht infrage, die alten Steine zerstörter Häuser für Neubauten zu nutzen. Was sollen denn die Geister der Vorfahren ohne ihr Zuhause machen? Diese Frage ändert den Blick auf all die Stätten der Vergangenheit, auch den auf eine der größten und schönsten mittelalterlichen Ruinen in West Cork – Timoleague Friary.

Klosterfriedhof

Dort wo der Fluss Argideen in die Keltische See mündet, übt das im 14. Jahrhundert erbaute Franziskanerkloster seine nostalgische Anziehungskraft aus. Dem heiligen Molaga geweiht, der sieben Jahrhunderte früher an gleicher Stelle schon einmal ein Gotteshaus errichtet hatte, entwickelte sich die neue Abtei zu einem mächtigen Zentrum des Glaubens und der Bildung. Am linken Pfosten des Haupteingangs ist noch heute eine eingravierte Lilie zu erkennen. Anders als der heilige Patrick, der kein Kleeblatt ungepflückt ließ, um die Dreifaltigkeit zu erklären, nutzten die ersten, vermutlich aus Frankreich stammenden Mönche von Timoleague die Blütenblätter der Lilie, um Gläubigen die Einheit von Vater, Sohn und Heiligem Geist zu erklären. Betritt man

Erhaltene Wandnische

das Kirchenschiff, scheint es, als biege man in Zeit und Raum nur kurz um die Ecke und landet geradewegs im Jahr 1642. Damals hatten Streitkräfte der englischen Krone das Kloster völlig niedergebrannt. Die Dächer und die herrlichen Buntglasscheiben fehlen, vieles aber ist noch da – Glockenturm, Kapelle, Teile des Kreuzgangs, das Refektorium und auch das Südfenster des Querschiffs, das einst als Lepra-Loch bekannt war, weil es Erkrankten ermöglichte, dem Gottesdienst wenigstens von außen beizuwohnen.

Keltisches Grabkreuz

Grasteppiche und Moostapeten haben sich über Böden und Mauern gelegt. Melancholie liegt in der Luft, ein „As time goes by"-Gefühl, das sich aller verlassener Orte bemächtigt, die sich durch die Zeit retten konnten. Den Test auf museale Tauglichkeit haben die hinreißend morbiden Ruinen der Abtei mit Bravour bestanden. Mit ihrer besinnlichen Schönheit lotsen sie Besucher in die Welt des alten Irlands zurück und bewahren sie auf diese Weise vor dem Vergessen.

Info

Lage: Timoleague liegt rund 40 Kilometer südwestlich von Cork.

Adresse: Abbey Street, Castle Lower, Timoleague, County Cork

Website:
monastic.ie/history/timoleague-franciscan-friary

HINWEIS: In der Church of the Nativity of the Blessed Virgin Mary in Timoleague ist eines der Meisterwerke aus dem Studio des genialen irischen Glasmalers Harry Clarke zu sehen.

17 Im Reich der Schwämme

LOUGH HYNE

Europas ältestes Meeresschutzgebiet ist ein verblüffend kleines Gewässer unweit des Städtchens Skibbereen. Doch unter der Oberfläche von Irlands einzigem Salzwassersee geht es zu wie in den Tiefen des Ozeans.

Winterharte Badeprofis kommen morgens mit zwei Thermoskannen ans Ufer. Eine mit heißem Tee, die andere mit warmem Wasser, das sie sich nach dem Schwimmen über die Gänsehaut gießen. Badewannenbehaglichkeit kann man vom Lough Hyne auch im Sommer nicht erwarten. Aufgrund seiner geringen Größe ist der See für irische Verhältnisse jedoch erstaunlich warm und zudem sehr sauerstoffreich. Davon profitieren zwar nicht die Badegäste, wohl aber mehr als 1800 Tier- und Pflanzenarten, die auf nur einem halben Quadratkilometer Nahrung und Lebensraum finden. Warum sich Hummer, Seesterne, Anemonen, Meergrundeln und winzige Schnecken hier so wohl fühlen, lässt sich auch schmecken – Lough Hyne ist salzig, sehr salzig sogar. Den Grund dafür entdeckt man an der südöstlichen Ecke des Sees. Dort schafft eine schmale, flache Rinne eine direkte Verbindung mit dem Ozean. Eine Felsschwelle in diesem Kanal schränkt den Zu- und Abfluss allerdings ein, sodass nur bei Flut Meerwasser in den See schwappen, bei Ebbe hingegen nur recht wenig wieder hinausströmen kann. An sonnenreichen Tagen verdunstet viel Wasser, deshalb ist der Salzgehalt im See höher als im Atlantik. Weil Lough Hyne außerdem viel ruhiger als das offene Meer ist, setzen sich Sedimente ab und verringern die Lichtdurchlässigkeit des Wassers. Unter diesen Bedingungen entstand wenige Meter unter der Oberfläche ein Ökosystem, das sich sonst nur in der Tiefsee entwickeln würde. Neben Korallen und seltenen Fischen faszinieren vor allem die vielen hundert Schwammarten, die auf felsigem Grund in dichten Gärten zusammenleben. 1981 wurde dieses ungewöhnliche Ökosystem gemeinsam mit den umgebenden Salzwiesen, Stränden und bewaldeten Hügeln zum ersten europäischen Meeresschutzgebiet erklärt. Ein tolles Forschungsfeld für Meeresbiologen und ein Paradies für Taucher und Schwimmer. Wer lieber auf dem Trockenen bleibt, kann entlang des Westufers spazieren oder über einen Naturpfad auf den Knockomagh Hill wandern, um nach Schleiereulen, Alpendohlen und Wanderfalken Ausschau zu halten und von der Hügelspitze den Ausblick auf Irlands kuriosesten See zu genießen.

Still ruht der See

Info

Lage: Lough Hyne liegt rund 80 Kilometer südwestlich von Cork.

Adresse: Lough Hyne, Ballyoughtera, County Cork

Website: *corknaturenetwork.ie/our-work/nature-blog/the-beauty-of-lough-hyne*

HINWEIS: Mehr über den See und seine Bedeutung kann man im Skibbereen Heritage Centre erfahren. *skibbheritage.com*

18 Beim Blickfänger

DER BEACON

Wer Baltimore sagt, muss auch Beacon sagen, wenn er in West Cork keine halben Sachen machen möchte. Ohne einen Ausflug zu diesem berühmten Wahrzeichen wäre ein Besuch des kleinen Hafenstädtchens eine sträflich unvollendete Angelegenheit.

„Next Stop South America", ruft ein Spaziergänger und zeigt über die riesige Wasserfläche, als könnte man irgendwo da hinten tatsächlich die Küste Brasiliens erahnen. Dem ist nicht so, aber wen interessiert schon, wie es hinter dem Horizont weitergeht, wenn Irlands launischer Wettergott die Sonne über einem der schönsten Flecken West Corks gehisst hat? Das Meer schießt silbrige Funken, gelbe Ginstersommersprossen besprenkeln die Hügel, das krächzende Lachen tieffliegender Möwen liegt einem in den Ohren, und über allem wacht der Beacon. Ursprünglich zum Schutz vor Invasionen errichtet, sichert das blütenweiße Seezeichen zusammen mit dem Leuchtturm von Sherkin Island die schmale Zufahrt zu Baltimores Hafen – und das bereits seit über 220 Jahren.

Blick über Baltimore

Unbeleuchtet, 15 Meter hoch und konisch geformt, also ein bisschen breit um die Hüfte und nach oben eher eierköpfig als spitz, erinnert der Beacon an eine Rakete oder eine ziemlich dicke Zigarre. Die Einwohner Baltimores sollen ihm in Anspielung auf die biblische Geschichte von einer zur Salzsäule erstarrten Frau den Spitznamen „Lots Weib" gegeben haben. Eine nicht repräsentative

Baltimores Beacon

sentative Umfragen im Algier's Pub ergab jedoch, dass die Mehrheit bei Beacon bleibt und nur ein einziger „Obelix Hinkelstein" favorisiert. Völlig einig war man sich am Tresen, dass der Turm einer der beliebtesten Orte weit und breit für Heiratsanträge sei. Sehr passend, symbolisieren Leuchttürme doch wie kein anderes Bauwerk Schutz, Geborgenheit und Standfestigkeit. So ist auch der Beacon einer dieser außergewöhnlichen Orte, denen sich Einheimische und Touristen gleichermaßen verbunden fühlen. Er ist ihnen Heimat, Reiseziel, Sehnsuchtsort, ein steinerner Freund, an dem ihre Blicke einen Halt finden, nachdem sie über das weite Aquarell des Atlantiks getaumelt sind. Das nächste Haus steht vermutlich in Maracanaú, doch für die Dauer eines Besuches beim Beacon gibt es keine andere Welt als die auf den Klippen von Baltimore.

Info

Lage: Der Baltimore Beacon liegt im Süden Irlands, etwa rund 80 Kilometer südwestlich von Cork.

Adresse: Beacon Road, Harboursmouth, County Cork

Website: *baltimore.ie*

HINWEISE:

- Von der Festung Dún na Séad im Zentrum Baltimores ist es ein kleiner Spaziergang entlang der Küste. Man folgt der Freke Terrace vorbei an der St. Matthew's Church und geht gerade aus weiter bis die Beacon Road links abbiegt.
- Im Hafen von Baltimore legen die Fähren auf die Inseln Clear und Sherkin ab. *www.capeclearferries.com* und *sherkinferry.ie*
- Whalewatchingtouren ab Baltimore Hafen bieten *whalewatchwestcork.com* und *baltimore.ie/venue/sea-safari/* an.
- Ausflugsfahrten nach Clear Island und zum Fastnet Rock hat *fastnettour.com* im Programm.

19 Der Fügung nachhelfen

MIZEN PENINSULA

Die Kompassnadel des Reiseglücks weist so deutlich Richtung Südwesten, dass es fast schon wie ein Befehl wirkt. Wer dennoch nicht nachschaut, wie unwiderstehlich wild sich West Corks Küste dort gebärdet, ist selbst schuld.

Mizen Head Bridge

Um „dem Schicksal ein Ziel zu geben". So begründete der Zeichner und Kinderbuchautor Tomi Ungerer, warum er Anfang der 1970er-Jahre auf die Mizen-Halbinsel zog, in die südwestlichste Ecke Irlands. Ob ein Ort der nördlichste, östlichste oder mittigste Punkt eines Landes ist, spielt eigentlich nur dann eine Rolle, wenn er sich durch keine anderen bemerkenswerten Eigenschaften auszeichnet. Im Fall von Ungerers irischer Wahlheimat muss ein solcher Mangel jedoch nicht beklagt werden. Die dünn besiedelte Halbinsel ist eine herbe Sandsteinschönheit, die ihre 30 reizenden Kilometer weit dem Atlantik entgegenstreckt. Zedern, Eichen und Kiefern prägen ihre Landschaft. Ginster, Haselnüsse, Weißdorn und Beerenbüsche drängeln sich auf grasbewachsenen

Wilde Klippen

Hügeln. Am Wegesrand lodert das Feuer von Fuchsiensträuchern, und in den bunten Häusern der kleinen Dörfer Ballydehob, Schull, Goleen und Crookhaven bewahren die Bewohner die Geheimnisse des guten Lebens. Sehr irisch, aber auch sehr kosmopolitisch und kreativ geht es bei ihnen zu, denn außer dem Elsässer Tomi Ungerer haben sich viele andere der Blow-ins genannten Lebenskünstler aus aller Herren Länder auf die kleine Halbinsel wehen lassen. Sie fühlen sich dort ebenso wohl wie Dachse, Fledermäuse, Füchse und fast 40 Schmetterlingsarten, die im Frühjahr mit wuchernden Wildblumen flirten.

Spätestens, wenn er Barleycove erreicht, den schönsten Strand von West Cork, weiß der Besucher, dass er es hier nicht bloß mit hübschem Mittelmaß zu tun hat, sondern mit einer Weltgegend der Extraklasse. Die Krönung dieser Halbinselkönigin, man ahnt es mittlerweile, ist tatsächlich ihre Lage im äußersten Südwesten, denn die schenkt ihr das Kap Mizen Head. Stahlgrauer Fels lässt sich hier massenweise ins Meer fallen. Die anglo-irische Schriftstellerin Edith Somerville beschrieb dieses Vorgebirge als „eine riesige Landzunge, die wie der Stoßzahn eines Ebers über den zerklüfteten Rand der irischen Küste ragt". Allerdings nicht weit genug. So klafft zwischen Mizens Steilklippen und der vorgelagerten Insel eine dramatische Schlucht, über die sich eine hübsche Bogenbrücke spannt. Auf der anderen Seite steckt eine Signalstation seit über 100 Jahren stur die

Mizen Head Lighthouse

Technikraum des Leuchtturms

Atlantische Aussicht

Schläge von Wind und Wellen ein. Inzwischen vollautomatisiert erzählen die alte Funkanlage, Seekarten und Dienstpläne von den früheren Arbeits- und Lebensbedingungen. Vor den Fenstern versilbert gerade gleißendes Sonnenlicht den Ozean und richtet seine Scheinwerfer auf das legendäre Fastnet Lighthouse. Etwa 13 Kilometer vom Festland entfernt auf der höchsten Stelle einer kleinen Felseninsel erbaut, wird der Leuchtturm auch die „Träne Irlands“ genannt, weil er einst das Letzte war, was irische Auswanderer von ihrer alten Heimat sahen. Sich von Irlands Südwesten zu verabschieden, fällt aber auch Touristen schwer. Beherzigen Sie deshalb Tomi Ungerers Worte und geben dem Schicksal ein Ziel, wenn schon nicht für immer, dann wenigstens immer wieder.

Info

Lage: Mizen Head liegt etwa 120 Kilometer südwestlich von Cork.

Websites:

- *mizenhead.ie*
- *mizenhead.net*

20 Immer den Widdern nach!

SHEEP'S HEAD

Auf Sheep's Head sagen sich Fuchs und Hase gute Nacht. Perfekt! So kann die kleine Halbinsel in West Cork ein fabelhaftes Wanderziel für alle bleiben, die Ruhe und Abgeschiedenheit suchen.

Alles geht hier ein wenig gemächlicher zu als in anderen Gegenden des irischen Südwestens. Gerade einmal 40 Kilometer lang und vier Kilometer breit ist die kleinste der fünf Halbinseln von West Cork. Ganze drei Dörfer – Durrus, Ahakista und Kilcrohane – hat Sheep's Head zu bieten, daneben einige prähistorische Steinkreise, heilige Brunnen und seltene Pflanzenarten. Ferien in dieser weltentrückten Gegend haben denselben Geruhsamkeitsfaktor wie Meditationskurse im Kloster. Mit diesem Pfund konnte Sheep's Head kräftig wuchern und zu einem Wanderziel von Weltrang werden.

Gut markierte Wege

Die Hauptstrecke des 1996 eröffneten Sheep's Head Way ist rund 90 Kilometer lang. Sie startet in der historischen Marktstadt Bantry, umrundet die Halbinsel und führt auch an ihrer felsigen Spitze vorbei, wo eine knapp sieben Meter hohe Zwerg-Variante eines Leuchtturms wacht. Die komplette Distanz ist in vier bis sechs Tagesetappen zu schaffen, attraktive Alternativen bieten jedoch

Pietà aus Marmor

die mehrstündigen Rundtouren. Wegweiser mit dem Logo ineinander verkeilter Widder markieren die jeweiligen Routen. Während die Südseite der Halbinsel mit ihren geraden Pfaden und pfaublauen Seen eine recht ruhige Angelegenheit ist, die keine besondere Kondition erfordert, zeigt sich der schroffere und steilere Norden schon herausfordernder. Das anstrengendste, aber auch eindrucksvollste Wandererlebnis wartet jedoch am höchsten Punkt im Zentrum der Halbinsel. Dort markiert eine Kopie von Michelangelos Pietà-Statue aus strahlend weißem Marmor den Beginn des rund elf Kilometer langen Peakeen Loop. Einen hohen, weiten Himmel über sich, zur Linken das Flimmern der Dunmanus Bay, zur Rechten die sonnendurchflutete Bantry Bay geht es den steilen Bergrücken hinauf, über felsigen Sandstein, durchnässte Wiesen und heideviolette Hügel.

Am Laharandota Lough

Menschen begegnet man selbst im Sommer selten. So muss man sich das euphorische Gefühl, über dem Ozean zu schweben, nur mit Möwen und verdutzten Schafen teilen, die offenbar nicht mit Wanderern gerechnet haben. Vier Stunden später wieder am Ausgangspunkt des Rundweges angelangt, ist dann endgültig geklärt, warum der Folksänger Mike Harding Sheep's Head „die schönste Landschaft Irlands" nannte.

Landschaftssinfonie

Lage: Die Halbinsel Sheep's Head liegt etwa 100 Kilometer südwestlich von Cork.

Info

Websites:

- *thesheepsheadway.ie*
- *livingthesheepsheadway.com*

HINWEIS: Der Main Sheep's Head Way ist 90 Kilometer lang und ist je nach Kondition in fünf bis sieben Tagen zu meistern. Unterteilt in elf Etappen bieten sich einzelne Strecken ebenso wie Loop-Walks unterschiedlicher Schwierigkeitsstufen für einfache Tageswanderungen an. *thesheepsheadway.ie/walking-routes/difficulty-duration*

Munster – Counties Kerry und Clare

Geokaun Mountain, Valentia Island

Munster – Counties Kerry und Clare

21. Verweilen statt eilen: Killarney National Park
22. Diktator auf Urlaub: Waterville
23. Sich satt sehen: Kerry Cliffs
24. Fossile Fährten: Valentia Island
25. Flinker Hüter: Sheepdog Demonstrations
26. Gut gestapelt: Fahan Beehive Huts
27. Lehrer Langohr: Donkey Sanctuary
28. Im Kalkstein-Paradies: Burren National Park
29. Steter Tropfen: Burren Caves
30. Zur Reifeprüfung: Burren Cheese Trail

Camas
Carna
An Spidéal
Galway
Loughrea
Cill Rónáin
Doolin
Bally ughan
Gort
Burren National Park
Ennistymon
Scarriff
Ennis
Limerick
Kilrush
Croom
Newcastle West
Listowel
Kilmallock
Abbeyfeale
Bréanainn
Tralee
Liscarroll
Castleisland
Aughacasla
Derrymore West
Kanturk
Knocknagree
Mallow
Fahan
Dingle
Killorglin
Killarney
Millstreet
Glencar
ALENTI
SLAND
Moll's Gap
Macroom
Cork
Kenmare
Oughtiv
erry Cliffs
Waterville
Bandon
Bantry
Dunmanway
Clonakilty
Castletownbere
Skibbereen
21
22
23
24
25
25
25
25
26
27
28
29
29
30
0
30 km

21 Verweilen statt eilen

KILLARNEY NATIONAL PARK

Gutes Timing ist alles. Zum richtigen Zeitpunkt vermag eine der meistbesuchten Attraktionen der Grafschaft Kerry mit über 10.000 Hektar voller Flüsse, Seen, Berge, Wälder und Wasserfälle zu beglücken. Menschen ebenso zu mögen wie die hier lebenden Rothirsche, Eisvögel und Eidechsen, vergrößert den Spaß ungemein.

Forty Shades of Green

Der gut gemeinte Rat erfahrener Globetrotter doch einfach antizyklisch zu reisen, also im Sommer Stadt- statt Strandurlaub zu machen, um Touristenmassen zu meiden, funktioniert in Irland nicht. Gut möglich, dass Sie in lichtscheuen Wintermonaten der einzige Urlauber in Kerry sind, nutzt aber wenig, wenn tyrannische Stürme ihnen ein wochenlanges Ausgehverbot erteilen. Aus ihrem Reiseprogramm streichen sollten Sie Irlands ältestes Naturschutzgebiet dennoch auf gar keinen Fall, auch wenn der Killarney National Park nur an wonnigen Sonnentagen seiner Aufgabe, spektakulär schön zu sein, vollends gerecht wird. Im Frühjahr, wenn das Grün dieses Naturschutzgebietes explodiert. Im Sommer, wenn Boote über die funkelnden Seen gleiten, und manchmal auch an noch nebelfreien Herbsttagen, wenn sich der dunkelgrüne Stoff, aus dem die Wanderträume sind, allmählich errötet.

Kerry Way

Morgenstimmung

Für sich allein hat man diese wilde Landschaft, die durch Gletscherströme während der letzten Eiszeit geformt wurde, zu diesen Zeiten eher selten. Dem touristischen Burnout kann jedoch entkommen, wer lange genug bleibt, um nicht alles in ein, zwei Tagen im Tross großer Reisegruppen ablaufen zu müssen. Früh aufzustehen ist auch kein Fehler. Bei meinem ersten Besuch hingen noch die letzten Nachtreste über den Gassen, als ich mich auf den Weg in den Park machte, der unmittelbar an die Kleinstadt Killarney grenzt. Nebel stieg in dichten Schwaden aus den Wiesen auf, und die ersten Sonnenstrahlen stülpten den Hügeln goldene Mützen über, als wenige Meter vor mir zwei Hirsche mit gravitätischem Gang eine kleine Lichtung betraten.

Parkbewohner

Mit noch mehr solcher bemerkenswerten Begegnungen wird belohnt, wer sich dem Diktat der Sehenswürdigkeiten widersetzt und beispielsweise auf eine Führung durch das herrschaftliche Muckross House verzichtet. Statt mir dort das Schlafzimmer anzusehen, in dem einst Queen Victoria nächtigte, habe ich der unglaublichen Vielfalt an Flora und Fauna den Vorzug gegeben, die den Park zu einer Art irischem Amazonasgebiet macht. Uralte Eichen, Erdbeerbäume, Waldkiefern, Moore und eines der mächtigsten Eibenwaldgebiete in Westeuropa bilden den größten Naturraum des Landes. Hier haben wieder angesiedelte Seeadler ebenso ihre Heimat wie Schleiereulen, Otter, Molche und Eichhörnchen. Sogar Herden umherreisender Menschen finden im Park so viel Platz, dass es auch während der Hochsaison nicht zu Dichtestress kommen muss. Versprochen!

Dichte Wälder

Info

Lage: Killarney liegt etwa 80 Kilometer nordwestlich von Cork.

Adresse Besucherzentrum: Killarney House & Gardens, Killarney National Park, Muckross Road, Killarney, V93 HE3C

Website: *nationalparks.ie/killarney*

HINWEISE:

- Es gibt im Park sehr einfache und moderate Wanderwege von bis zu sechs Kilometer Länge. *killarney.ie/things-to-do/#trails*
- Der 220 Kilometer lange Kerry Way gilt nicht ohne Grund als einer der abwechslungsreichsten Fernwanderwege der Welt. Er beginnt und endet in Killarney und führt in neun Etappen durch herrliche Täler, wilde Moore, vorbei an Seen und dramatischen Gipfeln. Wer nicht so lang unterwegs sein möchte, wählt die in zwei Tagen zu bewältigende, rund 30 Kilometer lange Rundwanderung zwischen Caherdaniel und Waterville. *kerryway.com*

22 Diktator auf Urlaub

WATERVILLE

Berühmten Stammgästen setzen sie hier schon mal ein Denkmal. Hoffnungen auf ein Bronzeabbild seiner selbst dürfen gewöhnliche Reisende sich zwar nicht machen, wohl aber fest mit Watervilles ungeheurer Sogwirkung rechnen, die einen immer wieder dorthin zurückziehen wird.

Den Teufel werde ich tun, zu behaupten, dass es in Waterville die allerschönsten Sonnenuntergänge im ganzen Land zu sehen gäbe. Davon sind zwar die Einwohner dieser 460-Seelen-Gemeinde überzeugt, ich möchte es mir jedoch mit keinem der anderen irischen Küstenorte verderben. Wenn die Sonne einen blitzenden Strahlenkranz um die Wolken legt, bevor sie in rubinroten und bernsteinfarbenen Streifen hinter der Ballinskelligs Bay eintaucht, dann gaukelt der Himmel über Waterville zugegebenermaßen ziemlich glaubwürdig vor, er hinge über der Südsee. Der Strand entlang der Uferpromenade entflammt in Gold- und Pfirsichtönen, eine sachte Brise streift über die niedrige Häuserzeile auf der anderen Seite, während der Ozean eine plätschernde Abendserenade komponiert. Da darf man durchaus schon mal verzückt seufzen und beschließen unbedingt hierhin zurückzukehren. Einer, dem es ganz ähnlich ging und der sich lange Zeit keinen anderen Ort für seine Ferien vorstellen konnte, war Charlie Chaplin. Der Stummfilmstar reiste 1959 erstmals in die Grafschaft Kerry und war von dem kleinen Dorf auf der schmalen Landzunge zwischen Atlantik und Lough Currane gleich so angetan, dass er Waterville zu seinem Sommerdomizil erkor. In den kommenden zehn Jahren quartierte er sich immer wieder mit seiner Familie im Butler Arms Hotel ein. Er war auf Empfeh-

Der Vagabund und das Kind

lung seines Freundes Walt Disney gekommen und fand hier den perfekten Zufluchtsort. Ohne Stock, Zahnbürstenschnurrbart und Bowlerhut war er in Waterville einfach ein älterer, weißhaariger Herr mit schüchternem Lächeln, der durch nichts an die komische Figur aus Filmen wie „Der große Diktator", „Moderne Zeiten" oder „Der Tramp" erinnerte. Der Leinwandgröße zu Ehren wurde an der Strandpromenade eine lebensgroße Bronzeskulptur von Chaplin errichtet.

Dass sie vor allem in der Hochsaison häufig Besuch bekommt, liegt an der zweiten großen Berühmtheit der Gegend – der Ring of Kerry. Die 179 Kilometer lange Küstenstraße, die rund um die Iveragh-Halbinsel führt, hat den Ruf die landschaftlich reizvollste Route Irlands zu sein und führt durch hübsche Orte wie Sneem, Glenbeigh und Kenmare. Alle keine echte Konkurrenz für Waterville, das als einziges Dorf entlang der Panoramastrecke direkt am Meer liegt; und auch auf die Gefahr, dass Sie mich für

Waterville Strand

bestechlich halten, weil das, was nun kommt, zu sehr nach superlativischer Urlaubsprosa klingt – in der landesweiten Liga der brillantesten Sonnenaufgänge leuchtet sich Waterville mit einem Strahlenfächer in Perlrosa, Apricot und Pink ebenfalls auf einen der vordersten Plätze.

Info

Lage: Waterville liegt direkt an der Ballinskelligs Bay, etwa 140 Kilometer westlich von Cork.

Website: *visitwaterville.ie*

HINWEISE:

- Waterville ist ein idealer Ausgangspunkt für verschiedene Wanderungen in die Umgebung. *visitwaterville.ie/walking*
- Im Butler Arms Hotel lässt es sich wie zu Chaplins Zeiten übernachten. *butlerarms.com*

23 Sich satt sehen

KERRY CLIFFS

Berühmter sind die Cliffs of Moher, begehrter auch. Doch statt sich dort gegenseitig auf die Füße zu treten, können Reisende sich beim Besuch der hundert Meter höheren Felsenkollegen an der Küste von Kerry mal zeigen lassen, was eine spektakuläre Aussicht ist.

Wer hat die Höchsten? Achill Island! Die Croaghaun Cliffs der Insel im County Mayo sind mit 687 Metern doppelt so hoch wie der Eiffelturm. Von dem heißt es ja, man besteige ihn nur, um Paris endlich einmal ohne das hässliche Eisengerüst sehen zu können. Für manch irische Meeresklippen gilt hingegen, dass sie eher für Blicke aus der Distanz gemacht sind. Ihre gewaltige Größe imponiert nämlich oft mehr als die Aussichten von ihren Spitzen. Hoch stehen und weit runter gucken, ist eben nicht alles. Es sei denn, man ist der Panoramastraße Skellig Ring vom Dorf Portmagee aus bis zu den 304 Meter hohen Kerry Cliffs gefolgt.

Klippenpanorama

Früh morgens, wenn das Wechselspiel von Licht und Schatten den Kontrasten der Welt besondere Stärke verleiht und die Strahlen der langsam aufgehenden Sonne jede Riffelung des Gesteins ausleuchtet, beeindruckt die bühnenbildhafte Schönheit der Landschaft in besonderem Maße. Der Atlantik schimmert in vierzig

Vogelbeobachtung

Blautönen, die Klippen in mindestens doppelt so vielen Schattierungen von Grau. Möwen fliegen kühne Küstenmanöver und steuern zielgenau die schmalen Felsvorsprünge an, auf denen ihre Küken die nächste Fütterung erwarten. Durch das Fernglas lassen sich von April bis Anfang August tausende Paare von Sturmschwalben, Trottellummen und Papageientaucher beobachten, die auf der vorgelagerten Puffin Island ihr Brutgeschäft erledigen. Auf der Jagd nach Fischen schießen Basstölpel wie Speere vom Himmel herab. Wo sie die Wasseroberfläche durchstoßen, spritzen hohe Fontänen empor. Als wäre eine Meereslandschaft voller kleiner Springbrunnen nicht schon hinreißend genug, erheben sich dahinter zwei schroff gezackte Felspyramiden aus den Wellen des Atlantiks –

Brütende Möwen

die Skellig Islands. Links Little Skellig, eine weitere, von Guano bedeckte Vogelinsel, und rechts die Klosterinsel Skellig Michael, auf die sich im 6. Jahrhundert einige mutige Mönche zurückzogen. Das Inselpaar scheint so sonderbar und unwirklich, dass sich der Blick nur schwer von ihm lösen lässt. Eine Überdosis Aussicht schadet ja nicht, im Gegenteil. Mit einem Abdruck dieses Panoramas im Herzen lässt sich jede Schlechtwetterdepression lindern, weil man weiß, worauf es sich zu warten lohnt, wenn der Himmel seine Nebelschleier wieder fallen lässt.

Blick auf die Skellig Islands

Info

Lage: Die Kerry Cliffs liegen etwa 150 Kilometer westlich von Cork.

Adresse: Foilnageragh, Portmagee, County Kerry, V23 AK22

Website: *kerrycliffs.ie*

24 Fossile Fährten

VALENTIA ISLAND

Allen Inseln wohnt ein Zauber inne, erst recht den irischen. Doch das kleine Eiland im Südwesten der Grafschaft Kerry ist eine ganz und gar unvergleichliche Welt, die man sich am besten wandernd erschließt.

Blick auf Portmagee

Eigentlich ist Valentia keine Insel, weil eine Brücke sie mit dem Festland verbindet. Wenn die kunterbunten Häuser von Portmagee im Rückspiegel immer kleiner werden und auf der anderen Seite hügelige Wiesen und Ackerland eine grüngelbe Patchworkdecke über die Insel legen, spürt man dennoch ein deutliches Gefühl der Teilung und der Andersartigkeit. Das lässt sich noch steigern, wenn man nicht die beiden Hauptdörfer, Chapeltown und Knightstown, ansteuert, sondern Valentia Islands Wanderwege unter die Füße nimmt. Der Pfad über die Fogher Cliffs bis auf den Gipfel des Geokaun Mountain hinauf ist nicht allzu beschwerlich. Als ich den höchsten Punkt von Valentia Island erreiche, tanzt die Sonne über einen knallblauen Himmel. Das Grün der Gräser entflammt in Gold und Kanariengelb. Die Welt trägt Farben wie in einem nachkolorierten Schwarz-Weiß-Film. Eine 180-Grad-Drehung genügt, und das Naturkino präsentiert die Bucht von Dingle, die Blasket Islands und die schroffen Felsdreiecke der Skellig-Inseln, die wirken, als wären sie eben erst aus dem Atlantik aufgetaucht. Aus Landschaften wie dieser sind Irlandträume gemacht.

Bunte Hafenhäuser

Auszeit am Bray Head

Wer davon nicht genug bekommen kann, erklimmt bei nächster Gelegenheit am westlichen Inselende die Landzunge Bray Head, auf deren Gipfel ein verlassener Signalturm flusigen Lämmern ebenso Windschutz bietet wie erschöpften Wanderern. Noch so ein Ort auf Valentia Island, der über der Sorgengrenze liegt. Die Euphorie, die einen über körperlich anstrengende Abschnitte getragen hat, lässt die Probleme des Alltags schrumpfen, schenkt dem Kopf Klarheit und dem Herzen eine starke Verbundenheit mit der Natur. Die kann auf Valentia nur an einer Stelle noch übertrof-

Bray-Head-Loop-Wanderweg

fen werden, an der Nordseite der Insel, wo ein schmaler Pfad ans felsige Ufer hinunter führt. Dort bezeugen die ältesten und längsten Fußabdrücke auf der Nordhalbkugel ein Schlüsselereignis in der Evolution der Wirbeltiere. Vor 385 Millionen Jahren, lange bevor Dinosaurier über die Erde zogen, krochen an dieser Stelle die ersten vierfüßigen Wirbeltiere, Tetrapoden genannt, schwerfällig an Land. Sie glichen übergroßen Salamandern und stapften vermutlich durch ein austrocknendes Flussbett. Bevor der noch frische Schlamm hart wie Beton wurde, konservierte er die Abdrücke der Meerestiere im Langzeitgedächtnis des Bodens. Mehrere Fährten ovaler Fußabdrücke verlaufen über die Felsen und markieren – jetzt bitte einen Tusch: die allerersten Wanderwege der Erde.

Äußerst fotogen

Spuren der Tetrapoden

Info

Lage: Valentia Island liegt ca. 160 Kilometer westlich von Cork.

Websites:

- *valentiaisland.ie*
- *geokaun.com*

HINWEIS: Die fossilen Abdrücke befinden sich unterhalb einer kleinen Straße im äußersten Norden der Insel, in der Nähe eines Schiefersteinbruchs. Folgen Sie den kleinen Schildern mit der Aufschrift „Tetrapod Trackway".

25 Flinker Hüter

SHEEPDOG DEMONSTRATIONS

Er gehört zum irischen Landleben wie Wiesen, Gummistiefel und Traktoren. Sein Job: Schafe in Schach halten. Seine Strategien: blitzschnelle Bewegungen und hypnotisierende Blicke. Erstklassige Entertainerqualitäten hat er auch noch. Also Bühne frei für die liebenswerten Perfektionisten auf vier Pfoten!

Border Collie

Keine Herde da zum Hüten? Dann nahm Otti eben mit mir Vorlieb. Otti, eine Border-Collie-Dame im besten Alter, war Vollprofi im Wachschutzmetier und gelegentlich zu Gast in der Hundepension, in der ich arbeitete. Auf ausgedehnten Spaziergängen umkreiste sie mich so fleißig wie sonst nur die Weidetiere ihres Herrchens, damit ich ihr nicht ausbüxte. Gut erzogen wie Otti war, akzeptierte sie jedoch stets, wenn ich mich nicht länger von ihr zum Schaf machen lasse wollte und übernahm alternative Aufgaben wie das Verjagen lästiger Möwen oder das Aufstellen neuer Geschwindigkeitsrekorde beim Sprinten über den Strand. Seit ich dieser charaktervollen Hündin begegnet bin, habe ich mein Herz ganz und gar an Border Collies verloren und freue mich, wenn auch andere diese energiegeladenen, treuen und überaus klugen Tiere gerne einmal in Aktion erleben möchten.

Seine Schäfchen im Griff haben

Ideal, wer eine Ferienunterkunft auf einer aktiven Farm findet und den Schafzüchter bei seiner täglichen Arbeit mit Hunden und Herde begleiten darf. Alle anderen finden landesweit zahlreiche Möglichkeiten, Hütehundvorführungen zu besuchen. Im County Kerry laden gleich vier Landwirtschaftsbetriebe dazu ein, die Superhirne unter den Hunden und ihre wolligen Schutzbefohlenen kennenzulernen. Border Collies gelten als die intelligentesten Hunde der Welt, denn sie besitzen die Fähigkeit, binnen kürzester Zeit neue Kommandos zu lernen. „Away to me", „Stand", „Come by" schallt es über die Weide, und der diensthabende Collie wartet, umkreist die Herde im weiten Bogen, prescht mal von links, mal von rechts heran und dirigiert seine Schafe so in die gewünschte Richtung. Meist muss der Farmer nicht einmal rufen. Pfiffe oder Gesten genügen, und schon gehorchen die Hunde, gehen vom Sprint zum Kriechgang über. Als seien sie auf der Pirsch, schleichen sie dann tief geduckt weiter. Die Champions unter den schnellen Hirten halten genügend Abstand von der Herde, sodass die Tiere ruhig bleiben und geordnet über das Feld traben. Allein durch die Intensität ihres Blicks schaffen es die Hunde, die Bewegung der Schafe selbst aus größerer Entfernung zu kontrollieren. Sind allerdings Schafrassen zu hüten, die über hohe Hindernisse springen können, dann stellt die Border-Collie-Truppe auch gerne ihre akrobatischen Fähigkeiten unter Beweis.

Sheepdog-Vorführung

Wenn zum Schluss der Sheepdog Demonstration Lucy, Kate und Flash mit dem Befehl „That'll do!" in den Feierabend geschickt werden, reicht es vielen Zuschauern noch lange nicht, denn für sie war die Hütehund-Show erst der Anfang ihrer lebenslänglichen Leidenschaft für Border Collies.

Hütehund-Freizeit

Hütehund-Demonstrationen im County Kerry:

Info

- Kissanes Sheep Farm bei Moll's Gap, Kenmare; *kissanesheepfarm.com*
- Hidden Hills Waterville, Oughtiv; *hiddenhillswaterville.business.site*
- West Kerry Sheep Dog Demonstration, Derrymore West, Dingle; *westkerrysheepdogdemonstrations.ie*
- Dingle Sheepdogs Demonstration & Trials, Slea Head Drive, Fahan, Ventry, Dingle; *dinglesheepdogs.com*

26 Gut gestapelt

FAHAN BEEHIVE HUTS

Der äußerste Westen der Dingle-Halbinsel ist archäologisches Ballungsgebiet. Neben bronzezeitlichen Ringforts, uralten Kirchen, Gräbern und Hochkreuzen geben dort vor allem die Bienenkorbhütten immer noch Rätsel auf.

Steinzeitarchitektur

Wie aus dem Würfelbecher eines Riesen gepurzelt, liegen Dingles Altertumsstätten über die Hänge der Halbinsel verstreut. Kurz bevor die Panoramastraße Slea Head Drive das Kap erreicht, häufen sich die Wegweiser zu den Clocháin. Diese steinernen Rundbauten werden auch Beehive Huts, Bienenkorbhütten, genannt, weil ihre Form den aus Stroh geflochtenen Imkerkörben ähnelt. Ihre Erbauer nutzten keinen Mörtel. Stattdessen stapelten sie Steinplatten so geschickt übereinander, dass sich die Wände der Hütte nach oben hin immer weiter verjüngten, bis ein gewölbtes Dach entstanden war. Diese Kragmethode wurde in Irland von der Jungsteinzeit bis zur Mitte des 20. Jahrhunderts angewandt, was eine genaue Datierung der Clocháns ziemlich schwierig macht. Eine billigere und effektivere Art, Wohnraum, Tierställe oder Warenlager zu errichten, kann man sich jedenfalls in dieser steinreichen Gegend nicht denken.

Ganz ohne Mörtel

Dingle-Panorama

Einige dieser Hütten stehen allein, andere bilden kleine Gruppen, und an wenigen Stellen lassen sich größere, von Schutzmauern umgebene Siedlungen erkennen. Über 400 Steinhäuser zählte die sogenannte Fahan-Gruppe einst. Obwohl das Abrissunternehmen Wind & Wetter dort schon einiges an Arbeit geleistet, Bauten entkernt und Dächer demoliert hat, gelten diese Clocháin nicht nur als die bemerkenswertesten von Dingle, sondern des ganzen Landes. Sie stammen wohl mehrheitlich aus dem 12. Jahrhundert, als anglonormannische Invasoren die irischen Farmer zwangen, ihre fruchtbaren Ländereien zu verlassen und in den rauen und lebensfeindlichen Randgebieten der Westküste ums Überleben zu kämpfen. Einzelne Bienenkorbhütten könnten in früheren Jahrhunderten jedoch bereits von Einsiedlermönchen bewohnt worden sein oder als christliches Hospiz für Pilger gedient haben. Mit jeder neu entdeckten Hütte wächst auch die Zahl der Theorien.

Landschaftstraum

Weil es selbst mit der Alchemie des Tourismusmarketings nicht gelingt, das Blei gewöhnlicher Behausungen in das Gold einer grandiosen Sehenswürdigkeit zu verwandeln, setzen Irlandreisende die schlichten Clocháin eher selten auf ihre Must-do-Listen. Wer sich dennoch locken lässt, kann seine Fantasie mit der Vorstellung überfordern, in einem Clochán den Horror des nordatlantischen Winters mit Kälte und heftigen Atlantikstürmen überstehen zu müssen. In Suchmaschinen gespeichertes Wissen wird einem diese Erfahrung nicht ersetzen.

Posierende Heringsmöwen

Info

Lage: Die Beehive Huts stehen am Slea Head Drive bei Fahan auf der Dingle Peninsula, etwa 160 Kilometer nordwestlich von Cork. Bevor man Slea Head mit dem Ausblick auf die Blasket Islands erreicht, finden sich rechter Hand mehrere Beehive Huts.

Website: *discoverireland.ie/kerry/fahan-beehive-huts*

HINWEIS: Ein Schild mit der Aufschrift „Mainistir Riaisc" weist die Richtung zu der frühchristlichen Klosterstätte Reask unweit von Ballyferriter, die vor allem für die in vielen Steinsäulen eingravierten Kreuze bekannt ist. Beeindruckender ist das weiter östlich gelegene Gallarus Oratory, das bootsförmige Bethaus, das seit über eintausend Jahren den Elementen trotzt. *discoverireland.ie/kerry/gallarus-oratory-visitor-centre*

27 Lehrer Langohr

DONKEY SANCTUARY

Als Tourist nähert man sich irischer Historie vor allem auf Stadtführungen oder in Museen. Eine Geschichtsstunde gänzlich anderer Art können einem die Grautiere des Schutzzentrums im County Cork geben.

Irlands Nationaltier? Schaf, Border Collie, Rotkehlchen oder doch der Irish Red Setter, der das Firmenlogo des staatlichen Verkehrsunternehmen Bus Éireann ziert? Am passendsten wäre wohl der Esel. Früher stand bei fast jedem Iren einer im Stall, denn sie können Lasten bis zum Doppelten ihres Körpergewichts tragen und ziehen. So spannte man die zähen Kreaturen einfach vor den Karren, um Felder zu pflügen, Getreide zu mahlen oder um Torf, Milch und Menschen zu transportieren. Solange das Inselvolk außerdem an eine traditionelle Medizin glaubte, die gegen Keuchhusten empfahl, drei Mal unter dem Bauch eines Eselfohlens hindurch zu krabbeln, war ein Leben ohne Langohr undenkbar. Dann verdrängten Traktoren die alten Methoden der traditionellen Landwirtschaft und das struppige Arbeitstier musste abdanken. Erst während der Jahre des keltischen Tigers, als die Wirtschaft im schwindelerregenden Rekordtempo wuchs, leisteten neureiche Nostalgiker sich Esel als Modeaccessoires und Reittiere für ihre Kinder. Nach der Finanzkrise ab dem Jahr 2008 wurden die lästigen Statussymbole dann einfach wieder entsorgt und irgendwo abgestellt, eine bis heute gängige Praxis.

Eseldame Liz

Schutz erhalten all die verwahrlosten, unterernährten und kranken Esel und Maultiere in speziellen Auffangstationen. Eines der größten dieser Zentren, das Donkey Sanctuary im Norden der Grafschaft Cork, unterhält neben dem Hauptsitz in Liscarroll noch

vier weitere Bauernhöfe und private Pflegestellen. Den liebenswürdigen Bewohnern der Knockardbane Farm darf man einen ausgiebigen Besuch abstatten. Die Oldies erhalten hier dauerhaft ihr Gnadenbrot, Fohlen und Jungtiere warten jedoch auf ihre Adoption. Valentine, Ronan, Bowser, Mickey & Co. können nicht nur überaus charmant aus ihren schokobraunen Augen gucken, ihre engagierten Pfleger überraschen mit der Erklärung, dass sie auch sehr gesellige, ruhige und kluge Tiere sind, die enge Freundschaften pflegen und bei guter Haltung über 40 Jahre alt werden können. Den Ruf stur zu sein, haben Esel übrigens nicht verdient. Dank eines besonders ausgeprägten Sinns für Selbsterhaltung würden sie bloß nie etwas tun, was sie für unsicher halten oder ihren Interessen zuwiderläuft. Esel wie wir eben.

Selten stur, aber immer gesellig

Info

Lage: Das Donkey Sanctuary/Knockardbane Farm befindet sich in Liscarroll, das 50 Kilometer nördlich von Cork liegt.

Adresse: Liscarroll, Mallow, County Cork, P51 PH29

Website: *thedonkeysanctuary.ie*

HINWEIS: Die Farm ist kostenlos zugänglich und verfügt über Picknickmöglichkeiten, schöne Spazierwege und ein Besucherzentrum. Die Arbeit der Tierschützer lässt sich mit der Übernahme einer Eselspatenschaft unterstützen. *thedonkeysanctuary.ie/adopt*

28 Im Kalkstein-Paradies

BURREN NATIONAL PARK

Auch die Grüne Insel hat ihre Grauzonen – und was für welche. 250 Quadratkilometer groß ist das bleiche Karstland, das dem englischen Autor J.R.R. Tolkien als Inspirationsquelle für Mordor, das Reich des Bösen, diente. Verschwiegen hat Tolkien uns aber die bunte Vielfalt zwischen den schroffen Kalksteinritzen.

Wohin man auch schaut, nichts als nackte, aschgraue Felsplatten, die sich bis zum Horizont erstrecken. Doch die Trostlosigkeit ist trügerisch. Diese Ecke im Nordwesten der irischen Grafschaft Clare gaukelt nämlich nur vor, ein Zwilling des Mondes zu sein – karg und leer. Burren wird diese Kalksteinwüste genannt. Eine wundersame Landschaft, entstanden vor 360 Millionen Jahren durch Myriaden von winzigen Muschelschalen. Die lagerten sich zusammen mit Sedimenten und Pflanzenresten auf dem Meeresgrund ab, begannen sich aufzuschichten und zu verdichten, ein Prozess, der Äonen andauerte. Der Druck tektonischer Kräfte presste diesen stetig wachsenden Bodensatz immer weiter nach oben und schließlich aus dem Wasser heraus. Bei ihrem Rückzug am Ende der letzten Eiszeit formten und feilten gewaltige Glet-

Pflanzenparadies

scher noch kräftig am bizarren Antlitz des Burren. Die Samen arktischer Gewächse aber blieben und tragen heute zu einer in Europa einzigartigen Flora bei. In den tiefen Spalten, Furchen und Ritzen der Kalksteinplatten bildete sich ein Netz von Mini-Ökosystemen, das Gewächse aus völlig verschiedenen Klimazonen vereint. Gut geschützt vor atlantischen Winden gedeihen hier arktische, alpine und mediterrane Wildblumen in einer ungewöhnlichen Wohngemeinschaft, in der sich Orchideen, Anemonen und Veilchen, Kreuzblumen, Enzian, Wachholderbüsche und Buschwindröschen in jedem Frühjahr einen herrlichen Blühwettbewerb liefern.

Seine außergewöhnliche Vegetation hat den Burren weltberühmt gemacht. Gesteigert wurde sein Ruhm noch, als bekannt wurde, dass J.R.R. Tolkien in dieser bizarren Landschaft nicht allein die Vorlage für seine Mittelerde-Welt fand. Der Fantasy-Autor, der oft Ausflüge in diesem Gebiet unternahm, taufte sogar einen seiner Hauptschurken nach der hiesigen Karsthöhle namens Pol na Gollum – das Loch des Gollums.

Faszinierende Landschaft

Außer Ideen für fantastische Geschichten und einer fabelhaften Flora bietet der Burren auch noch eine unglaubliche Fülle an archäologischen Stätten. 2500 frühchristliche und prähistorische Zeugnisse, darunter alte Kirchen und Klosterruinen, Ringforts, heilige Quellen und Grabanlagen, die belegen, wie dicht diese Gegend einst besiedelt war. Das berühmteste Monument des Burren aber ist der Poulnabrone-Dolmen. Wie ein riesiger Melkschemel ragt das neolithische Grabmal aus dem karstigen Gelände und grüßt: Willkommen in der Werkstatt der Jungstein-

Poulnabrone-Dolmen

zeit! Vor rund 6000 Jahren standen hier Menschen und tüftelten an einer Methode, mit der sie tonnenschwere Steinblöcke heranschleppen und zu Megalithen aufrichten konnten. In der nomadischen Gesellschaft der Jäger und Sammler hätte niemand Zeit gehabt, solch ein Werk zu vollbringen. Erst sesshafte Steinzeitmenschen konnten sich eine neue Welt bauen – und das war erst der Anfang. Im Burren schufen sie mit ihrer Kult- und Grabstätte quasi den Vorläufer von Pyramiden und Eiffelturm. Der Poulnabrone-Dolmen markiert also einen wichtigen Wendepunkt der Menschheit. Ohne ihn keine mittelalterlichen Kathedralen, kein Mozart-Requiem, keine Mondlandung und erst recht nicht Tolkiens „Der Herr der Ringe". Alle Achtung!

Info

Lage: Die Karstlandschaft liegt im Westen Irlands im County Clare, etwa 70 Kilometer nördlich von Limerick.

Websites:

- *burrengeopark.ie*
- *burrennationalpark.ie*

HINWEISE:

- Die beste Art die Kalksteinlandschaft zu erleben, ist eine Wanderung auf dem Burren Way. Die fünftägige Tour führt über 114 Kilometer von Lahinch via Ballyvaughan bis zu den Cliffs of Moher. *irland.de/Entdecke-Irland/Wandern-in-Irland/Burren-Way*
- In den Sommermonaten starten vom Information Point im Burren National Park kostenfreie Wanderbusse, die einen zu den Startpunkten kleinerer Touren und Spaziergänge bringen.

29 Steter Tropfen

BURREN CAVES

Irland mit Tiefgang. Im County Clare heißt das, sich als Höhlenbesucher mit viel Spaß ein enzyklopädisches Wissen über Tropfsteinformationen und Erdzeitalter anzueignen, das Ihren alten Erdkundelehrer mächtig beeindrucken würde.

Der Hofhund büxt dem Farmer aus, der Farmer geht ihn suchen, entdeckt dabei ein Geheimnis und behält es für sich, 30 Jahre lang. Erst Anfang der 1970er-Jahre beginnt Jacko McGann von der Aillwee-Höhle zu erzählen, die er unweit von Ballyvaughan gefunden und auf eigene Faust beim dürftigen Schein einer Öllampe selbst erforscht hatte. „Wenn wir uns gleich dem Wasserfall nähern", erklärt der Tourguide heute, „werden wir für ein paar Minuten das Licht ausschalten, um Ihnen zu demonstrieren, wie es war, als Farmer McGann zum ersten Mal an diese Stelle kam." Noch leuchtet ein Scheinwerfer den Wasserfall von unten an und lässt ihn in goldenen Funken strahlen. Im nächsten Moment wird es dunkel, nicht nur schummerig oder finster, sondern absolut dunkel. Es ist eine vollkommene Schwärze, an die sich die Augen nicht gewöhnen. Dafür konzentriert sich jetzt alles auf das Hören, auf das Rauschen des Wassers, das jetzt noch lauter und klarer erscheint als zuvor. Kein Wunder, dass Jacko McGann wiederkam, immer und immer wieder, um sich alles ganz genau anzuschauen: kleine, knubbelige Stalagmiten, Formationen nadeldünner Strohstalaktiten, Tropfsteingebilde, die an ein Wespennest, an Karotten oder an betende Hände erinnern. Die erstaunlich intakten Bärenknochen, die man später in der Höhle fand, erzählen die Geschichte eines noch nicht ganz ausgewachsenen, männlichen Jungtieres, das dort vor über 10.000 Jahren ein Plätzchen für den Winterschlaf gefunden hatte, daraus aber nicht mehr aufgewacht war. Der kleine Bär war sicherlich nicht der erste Gast der Aillwee Cave, mit einem Alter von 350.000 Jahren ist sie schließlich die älteste Höhle im Burren. Sie entstand durch Gletscherschmelz-

Uralte Bärenknochen

wasser, das durch die Risse im Kalksteinpflaster sickerte und einen unterirdischen Fluss bildete. Nach der letzten Eiszeit trocknete dieser Fluss langsam aus und hat an seiner Stelle eine der eindrucksvollsten Höhlen Irlands hinterlassen.

Irlands größter Stalaktit

Aillwee Cave

Doch allein in der Burren-Region haben Forscher in den letzten Jahrzehnten über 160 Kilometer unterirdischer Gänge und Kavernen kartiert. Zu den berühmtesten gehört die Doolin Cave bei Lisdoonvarna, die einen echten Tropfstein-Star zu bieten hat – einen sieben Meter langen Stalaktit. Gehalten wird der zehn Tonnen schwere Koloss von einer Deckenfläche, die kaum 0,3 Quadratmeter misst. Der längste freihängende Stalaktit Europas begann zu wachsen, lange bevor die Vorfahren des kleinen Bären in der Burren-Region lebten. Jahrtausende vergingen, während Regenwasser und Kalksteinmineralien gemeinsame Sache machten und diesen Giganten schufen – Tropfen für Tropfen.

Info

Lage: Die Aillwee Cave liegt entlang der R480 kurz vor Ballyvaughan, etwa 72 Kilometer nördlich von Limerick. 15 Minuten Fahrt von den Cliffs of Moher entfernt befindet sich die Doolin Cave zwischen Doolin und Fanore an der R479; Craggycorradan East, Doolin, County Clare, V95 R299

Adresse: Ballycahill, Ballyvaughan, County Clare

Websites:

- *aillweeburrenexperience.ie*
- *doolincave.ie*

HINWEIS: Geführte Exkursionen für Anfänger und Erfahrene in die nicht erschlossenen Höhlen des Burren bieten Epic Ireland und das Outdoor Education & Training Centre The Burren an. *epicireland.com* bzw. *burrenoec.com*

30 Zur Reifeprüfung

BURREN CHEESE TRAIL

Butter aus Irland ist bekannt. Dass die Grüne Insel sich inzwischen zu einer echten Käsenation entwickelt hat, blieb dagegen lange ein Gourmetgeheimnis. Im County Clare kann man der Spur des guten Geschmacks nun folgen – vom Stall bis auf den Teller.

Die fröhliche Sinéad

„Die Iren stellen den besten Käse der Welt her!“ Endlich sagt es mal jemand, und schließlich ist Sinéad Ní Gháirbhith ja auch nicht irgendwer. Als professionelle Käsemacherin hat sie gemeinsam mit ihrer Schwester Siobhán viele Jahre allerfeinsten Ziegenkäse hergestellt und zieht nun mit ihrem Käsegeschäft „Cheese Press“ Feinschmecker an wie Honig die Bienen. In ihrem aromatischen Schlaraffenland finden sich nur die besten Naturprodukte aus irischer Milch. Hart gereifte Käsebrocken, cremiger Brie, halbweiche Bauernkäse nach Gouda-Art oder in Holzasche gehüllte Frischkäse – alles Mitglieder einer Familie, jedoch mit ihrem ganz eigenen, unverwechselbaren Charakter. Besonders schwärmt Sinéad für Crozier Blue aus Tipperary. Den lässt sie auch gern käseverwöhnte Franzosen probieren, weil sie sich seiner überwältigenden Wirkung sicher sein kann. Sahnig, mild, mit intensiven Aromen und im reifen Zustand leicht süßlich gehört diese Schafsmilchköstlichkeit zu den besten Blauschimmelkäse, die mir jemals aufs Brot kamen.

Ziegen melken

Über Sorten, Konsistenz, Reife und richtige Lagerung von Käse zu sprechen, kam mir früher wie wichtigtuerische Fachsimpelei vor. Seit ich auf einer irischen Farm das Melken, Käsen und Ziegenhüten gelernt habe, schrecken mich nicht nur die ungenießbaren Industrieprodukte ab, die unserer Supermärkte kolonisieren, ich möchte nun auch tatsächlich gern wissen, ob veganes Lab zum

Sinéads Käsetheke

Burren Gold Cheese

Käseprofis

Eindicken der Milch verwandt wurde oder ob die würzigen Weichkäsekugeln ein Produkt aus Rohmilch sind. Sinéad hat auf alle Fragen eine Antwort und auch eine Erklärung dafür, warum Käse aus anderen Ländern nie so gut sein können wie der irische. „Aus Schweineohren kannst du ja auch keine Seide machen!" Anders gesagt: Die Grüne Insel bietet einfach das beste Ausgangsmaterial. Nur hier steht für Milchlieferanten Gras auf dem Menüplan, das vor Saft nur so strotzt.

Im Burren kommen noch würzige Wildblumen, fette Kräuter und sehr kalksteinreiche Weiden hinzu, die dem Käse seine überraschende Cremigkeit verleihen. Davon sind jedenfalls die lokalen Farmer und Produzenten überzeugt. Einige der besten Käsemacher der Region haben sich mit Geschäften, Bauernmärkten und Restaurants zusammengeschlossen, um Burren-Besucher zu einer Art Futterwanderung einzuladen und auf den Cheese Trail zu schicken. Der führt unter anderem auf den Ballyvaughan Farmers Market, in den Aillwee Hofladen oder zur St. Tola

Goat Farm, wo Sinéads Schwester zeigt, wie viel Liebe und Sorgfalt in der Käseherstellung nach traditioneller Methode steckt. Auf einer Landkarte der irischen Genüsse hat sich der Cheese Trail auf jeden Fall eine besonders dicke Markierung verdient.

Zum Anbeißen

Info

Lage: Der Cheese Trail befindet sich im Burren, im Westen Irlands, etwa 60 Kilometer nordwestlich von Limerick und führt u. a. nach Ballyvaughan, Aillwee, St. Tola und Ennistimon.

Adresse: The Cheese Press, Main Street, Ennistimon, County Clare, V95 H9AW

Websites:

- *burren.ie/burren-cheese-trail*
- *cheesepressennistymon.ie*
- *st-tola.ie*

HINWEISE:

- Der große Bruder des Cheese Trails ist der Burren Food Trail, auf dem die gesamte Palette der regional produzierten Lebensmittel von Fleisch über Gemüse bis zu Meeresfrüchten präsentiert wird. *burren.ie*
- Auch in anderen Grafschaften führen Käseproduzenten durch ihre Betriebe. *irish-cheese.com*
- Alljährlich lädt das Slow Food Festival zum Schlemmen ins County Clare. *slowfoodclare.com*
- Wer selbst das Melken und Käsen lernen möchte, kann gegen Kost und Logis auf einer der Farmen mitarbeiten, die der Organisation World Wide Opportunities on Organic Farms (WWOOF) angehören. *wwoof.ie*

Connacht – Counties Leitrim, Galway, Mayo und Sligo

Keem Bay auf Achill Island

Connacht – Counties Leitrim, Galway, Mayo und Sligo

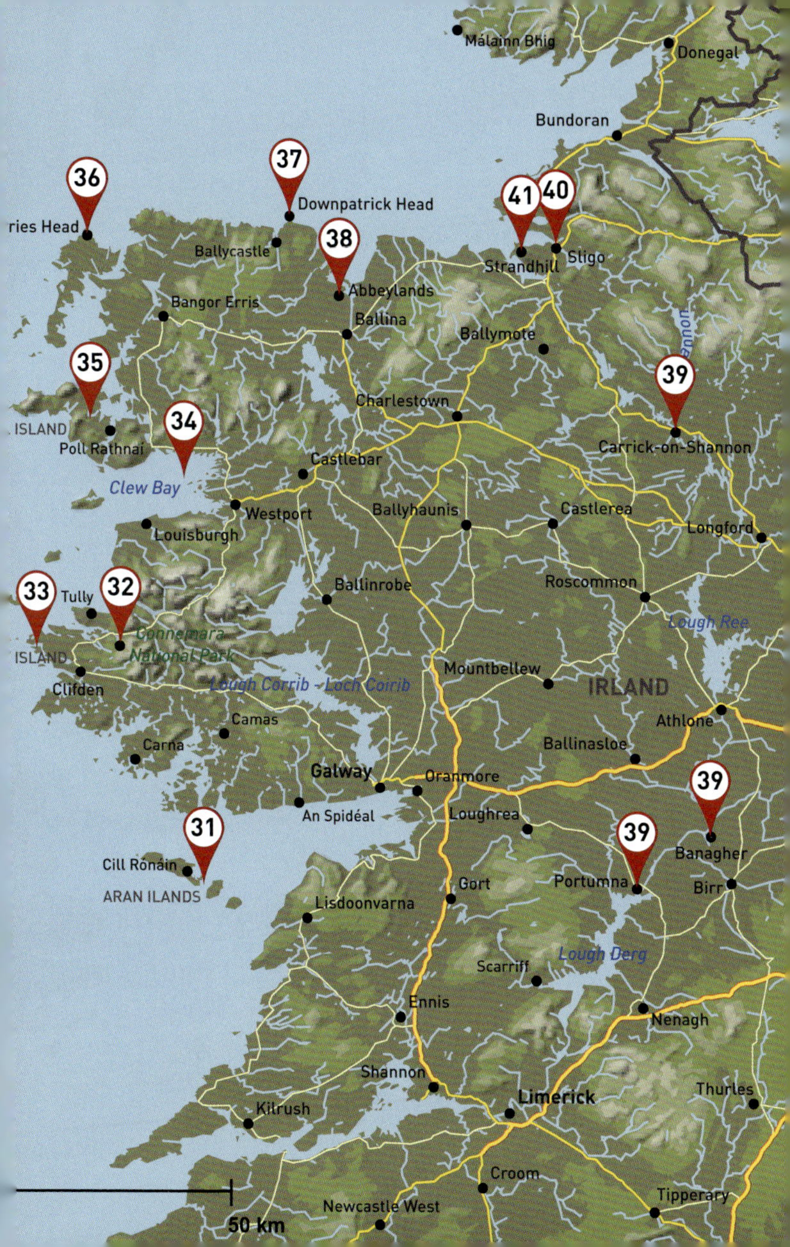

Málainn Bhig
Donegal
Bundoran
36
ries Head
37
Downpatrick Head
Ballycastle
38
Abbeylands
41
40
Strandhill
Sligo
Bangor Erris
Ballina
Ballymote
35
ISLAND
Poll Rathnai
34
Clew Bay
Charlestown
39
Carrick-on-Shannon
Castlebar
Westport
Louisburgh
Ballyhaunis
Castlerea
Longford
33
Tully
32
ISLAND
Connemara
National Park
Clifden
Ballinrobe
Roscommon
Lough Ree
Lough Corrib - Loch Coirib
Mountbellew
IRLAND
Athlone
Camas
Carna
Ballinasloe
Galway
Oranmore
39
An Spidéal
Loughrea
31
Cill Rónáin
ARAN ILANDS
39
Banagher
Portumna
Birr
Gort
Lisdoonvarna
Scarriff
Lough Derg
Ennis
Nenagh
Shannon
Limerick
Thurles
Kilrush
Croom
Tipperary
Newcastle West
50 km

31 Bestrickt am Abgrund

INISHMORE

An der Reling stehen, in Seeluft baden und Ausschau halten nach einem der letzten Außenposten Europas – den Aran Islands. Der Archipel vor der Mündung der Galway Bay bildet geologisch die Fortsetzung des Burren und ist so rau und archaisch, wie es sich für Irlands wilden Westen gehört.

Hafen von Inishmore

Eine Insel vor der Insel ist mein Ziel, als ich mich früh morgens auf den Weg zum Hafen von Rossaveal mache. Dort starten die Fähren zu den drei Aran Islands – Inishmore (Inis Mór), Inishmaan (Inis Meáin) und Inisheer (Inis Oírr). Das felsige Trio ist bekannt für prähistorische Stätten, zerklüftete Landschaften und die legendären Strickpullover, die in alle Welt verkauft werden. Die markant gemusterten Wollpullis, in denen ich leider aussehe wie eine Raupe im Kokon, präsentieren sich den Fährpassagieren schon kurz nach ihrer Ankunft in Kilronan, dem Hauptort von Inishmore. An dem kleinen Geschäft für die wärmende Maschenware muss jeder vorbei, der die größte der drei Aran-Inseln erkunden möchte. Außer gut Gestricktem gibt es hier nur noch ein paar Pubs, Restaurants, Bed & Breakfasts und einen Lebensmittelladen. Herrlich,

Gut gestrickt

denn ein großer Teil ihres Charmes liegt in dem, was die Insel alles nicht hat: keine Einkaufszentren, keine Fingernagelstudios, Ramschläden oder Parkplatzwüsten. Rund 800 Menschen leben hier, weit weg von dem, was wir Zivilisation nennen. Inishmore – ein Ort, verloren in der Zeit, in dem die Menschen noch immer überwiegend Irisch sprechen und von Fischen und Feriengästen leben. Wenn die Touristensaison vorbei ist, herrscht in Kilronan ein Betrieb wie auf einem vampirlosen Friedhof.

Schön steinig

Der Rest der Insel lässt ganzjährig viel Platz für Pioniergeist und das Gefühl auf einer Entdeckungsreise zu sein. Wildnis war in meiner Vorstellung bislang immer grün, hieß Pflanzen, Sträucher und Bäume. Inishmore ist äußerst vegetationsarm, aber absolut wild und schroff und sehr, sehr grau. Endlos lange Steinmauern ziehen sich wie Schnittmuster über die weite Kalksteinlandschaft und teilen die Insel so in zahllose Parzellen, um das bisschen Ackerboden vor den Stürmen des Atlantiks zu schützen.

Weg zur Steilküste

Noch mehr Steine gefällig? Unnötig zu fragen, denn kein Besucher von Inishmore lässt sich das Inselhighlight entgehen – die Festung Dún Aengus. Ihre mächtigen Mauern sollen schließlich Irlands spektakulärste archäologische Stätte sein. Aufsehenerregend ist aber vor allem ihre Lage. Dort, wo gewaltige Steilklippen im Süden der Insel rasant ins Meer hinab stürzen, balanciert das Bollwerk unmittelbar am Rand der Felsen. Wann genau die halbkreisförmigen Steinwälle erbaut wurden, weiß niemand mit Sicherheit zu sagen, und auch über ihre Bedeutung wird immer noch gerätselt. War sie nur Verteidigungsanlage oder auch heilige Kultstätte und ein Ort für astronomische Beobachtungen? Gewiss ist nur, dass die Menschen früher glaubten, hier endete die Welt. Auf die Idee kann man allerdings auch heute noch kommen. Dazu muss

Festung Dún Aengus

man jedoch nicht bis zum Klippenrand robben und in den Abgrund schauen, wo hundert Meter tiefer die wirbelnden Wellen des Atlantiks schäumen. Mir genügen die einschüchternden Dimensionen des Ozeans völlig, um glauben zu können, an eine Grenze gelangt zu sein, nach der es nicht weitergeht. Selbst an sonnigen Tagen lässt einen dieses eisgraue Weltende ein wenig frösteln. Bevor ich ihm noch einmal so nahe trete, lege ich mir wohl doch besser einen hübschen Aran-Pulli zu.

Die Seven Churches

Info

Lage: Die Aran Ilands liegen in der Galway Bay vor der Westküste Irlands.

Adresse: Ausgangspunkte sind Rossaveel, wo Fähren ganzjährig zu den Aran Islands fahren, und die Galway City Docks oder Doolin, wo sie saisonal, d. h. im Zeitraum von März/April bis September/Oktober, ablegen. *aranislandferries.com* und *doolinferry.com*

Website: *aranislands.ie*

HINWEISE:

- Entdecken lässt sich die Insel per Minibus oder in der Pferdekutsche. Die Website *doolinferry.com* listet die Anbieter.
- Fahrräder verleiht Aran Bike Hire am Pier von Kilronan. *aranislandsbikehire.com*
- Wer länger auf Inishmore bleibt, dem sei Tim Robinsons hervorragende Karte zu den Aran-Insel empfohlen.

32 Das Mantra des Meeres

CONNEMARA

Weit im Westen der Grafschaft Galway ist Irland mehr Bühne als Landschaft. An jeder Ecke geht eine Lawine von Naturschönheiten nieder, die einem weit mehr schenkt als wundervolle Fotomotive – besinnliche Stille und innere Ruhe.

Da findest du das echte Irland, haben sie gesagt; wo uralte Traditionen gepflegt werden, die meisten Menschen noch Gälisch sprechen und dunkle Torfmoore, tausend Seen und allgegenwärtige Berge einem die Frage beantworten, ob Landschaften eine Seele haben. Und dann lande ich in einer Zweigstelle des Schwarzen Kontinents, umringt von Zebrafellen, Massai-Speeren, Jagdtrophäen und Holzmasken. Julia und Paddy Foyle, die Besitzer des B&B The Quay House, haben mich auf Safari geschickt und in ihrer Africa Suite einquartiert. Die Wahl hätte auch auf das Skandinavien-Zimmer in nordisch blau-weißen Tönen samt Schneeschuh-Deko und Muschelfries fallen können, auf die Spiegel-Suite, den asiatischen Bambus-Raum oder das Napoleon-Appartement mit einem Porträt des französischen Kaisers über dem Bett. Julia und Paddy haben das 200 Jahre alte Hafenmeisterhaus in Connemaras Hauptort Clifden in einen einzigartigen Kosmos voller Antiquitäten und Artefakte verwandelt. Jeder Raum ist eine eigene kleine Galerie.

African Suite im Quay House

Bei einer Tasse Tee in der African Suite zu sitzen und auf die Fischkutter in Cliffdens Hafen zu schauen, ist wunderbar skurril. Für irische Authentizität sorgt immerhin das Gerücht, gelegentlich husche ein Geist im Gewand eines Mönchs durch die Gästeräume. Nach Afrika hat es sich allerdings nicht getraut, und so starte ich meine Connemara-Expeditionen ohne

übernatürliche Begegnung und finde es tatsächlich – das Irland, von dem die Kenner der Grünen Insel so schwärmen. Tiefhängende Wolken wehen in Windeseile über schimmernde Seen, in denen sich die blauen Gipfel der Twelve Bens und der Maumturk Mountains spiegeln. Kilometer lange Steinmauern durchziehen das Land, in den kleinen Hafenorten dümpeln bunte Fischkutter vor sich hin, und auf den weiten Wiesen trocknen pyramidenförmig gestapelte Torfsoden in der Sonne. Weil die vielen kleinen Landstraßen durch das größte der als Gaeltacht bekannten Sprachreservate führen, werden ausländische Autofahrer hier

Lough Corrib

allerdings flugs zu Analphabeten. Die Verkehrszeichen sind meist ausschließlich auf Irisch beschriftet und sorgen so für knifflige Ratespiele oder gereizte Diskussionen im Wagen.

Wo bitte geht es zum Killary Harbour? Keine Bange, Irlands einziger Fjord, der die Bergwelt im Norden Connemaras auf einer Länge von 16 Kilometern wie ein samtblaues Band durchschneidet, ist ebenso wenig zu verfehlen wie der Weg in den Connemara National Park. Auf den zahlreichen Wanderwegen des rund 30 Quadratkilometer großen Schutzgebietes begegnen einem wild lebende Connemara-Ponys, Rotfüchse, Baummarder und Falken. Einst gehörte das Gebiet zur Kylmore Abbey. Das Märchenschloss, das seit über 100 Jahren im Besitz des Benediktinerinnenordens ist, setzt sich am Ufer des Pollacappul Lough überaus eindrucksvoll in Szene. Die Anlage steht vor allem wegen der romantischen Kirche mit ihren juwelenfarbenen Buntglasfenstern und dem zum Niederknien schönen Klostergarten auf dem Programm vieler Connemara-Besucher. Klösterliche Stille erfährt man hier deshalb auch nur in der Nebensaison.

Kylemore Abbey

Ganz für sich allein haben kann man indes eine der vielen Buchten, in denen das Meer gegen massige Felsen brandet und die bröckelnden Überreste verlassener Fischerkaten samt rostiger Krabbenkörbe vom alten Irland erzählen. Eine von Moos und Unkraut überwucherte Ruhe prägt diese Orte, die niemand poetischer beschrieb als der irische Priester und Philosoph John O'Donohue: „Am Anfang war die Stille. Die erste Musik waren

Wind und Meer. Bevor die Symphonie anderer Klänge begann, verbrachte die Natur Millionen von Jahren in Meditation, ihre große Einsamkeit beruhigt und besänftigt durch das Mantra ihres eigenen Atems."

Clifden Harbour

Lage: Der Connemara National Park liegt im Westen Irlands, etwa 80 Kilometer nordwestlich von Galway.

Info

Websites:

- *nationalparks.ie/connemara*
- *thequayhouse.com*
- *connemara.net*

HINWEISE:

- Das Besucherzentrum des Nationalparks organisiert in den Sommermonaten geführte Wanderungen. Eine besonders schöne Route verläuft durch das Kerngebiet des Reservats auf den Diamond Hill.
- Die Traumlandschaft von Lough Corrib ist das perfekte Ziel für eine etwa 100 Kilometer lange Radtour, die in Galway startet und rund um den größten See der Republik verläuft. Fahrradverleiher und Anbieter geführter Touren in Galway: *westirelandcycling.com* und *westsidecyclesgalway.com*

33 Im Takt der Tide

GEZEITENINSEL OMEY ISLAND

Achtung! Der Besuch von Omey Island wird eine Sehnsucht wecken, die lebenslänglich bei einem bleibt. Wird sie nicht oft genug gestillt, kann sie quengeln wie ungeduldige Kinder. Meist schleicht sie sich aber nur in den Souffleurkasten des Lebens und flüstert mitten in der Dienstbesprechung, im Stau oder an der Supermarktkasse „Omey, Omey“, weil sie weiß, was gut für einen ist.

Wollen wir den Wettlauf gegen die Zeit wirklich wagen? Obwohl Ebbe und Flut uns strikte Besuchszeiten vorschreiben, wenn wir nicht durch steigende Wassermassen zurückwaten möchten, folgen wir zielstrebig den merkwürdig deplatziert wirkenden Verkehrsschildern. Mit weißen Pfeilen auf blauem Grund leiten sie uns über einen rund 600 Meter langen Sanddamm nach Omey Island hinüber. Nur zweimal täglich weicht das Meer und gibt den Weg zu dieser fantastischen Gezeiteninsel im Westen der Grafschaft Galway frei. In wenigen Stunden wird das zurückkehrende Wasser all die Muscheln und Krebsscheren, den strähnigen Tang und die spaghettiförmigen Kackehaufen der Wattwürmer wieder versenken. Noch ist keine Eile geboten. Unsere gemächlichen Schritte knirschen leise auf dem nassen Sand und ein sachter Wind säuselt sanft dazu.

Der Weg ist frei

Bei unserer Ankunft hat Omey zur Begrüßung den rosaroten Teppich aus Strand-Grasnelken ausgerollt. Wiesenpieper und Feldlerchen stimmen kleine Ständchen an. Ihr fröhlicher Gesang begleitet unseren Weg zur Inselmitte vorbei an Dünen, Salzwiesen und verdutzt guckenden Kälbchen. Neben Vögeln und Fischen wird Omey von Ottern und Kaninchen bevölkert. Men-

Auf Omey Island

Inselfriedhof

schen kommen nur noch als Gelegenheitsbesucher vor. Einst hielten hier mehrere hundert Farmer- und Fischerfamilien in ihren kleinen Reetdachkaten den mächtigen Winterstürmen stand. Die Mitglieder dieser kleinen Gemeinschaft waren einander so vertraut, dass sie anhand der Stiefelabdrücke im Sand erkennen konnten, welcher Nachbar sich bei Ebbe schon in aller Frühe auf dem Weg zum Festland gemacht hatte. Von ihrer Siedlung ist außer dem alten Friedhof nichts geblieben, alles abgetragen von Wind und Wellen oder unter Sand begraben, wie die Ruinen der mittelalterlichen Kirche von Teampaill Féichin, die erst Anfang der 1980er-Jahre wieder freigelegt wurden.

Der Wunsch, es den einstigen Omey-Besuchern wenigstens vorübergehend gleichzutun und der Welt hier den Rücken zu kehren, zieht stille Genießer an. Es ist die Sehnsucht nach einem anderen

Leben, die sich auf Omey Island erfüllt, einem Leben, das vom Takt der Tide und nicht vom Terminkalender bestimmt wird. Morgens mit winzigen Wattvögeln am Ufer um die Wette sausen, mittags den Lilien beim Sonnenflirt zuschauen und in der Nacht in eine Zeit vor allem Zivilisationsgetöse lauschen. Die entspannende Ereignislosigkeit des Eilands färbt auf seine Besucher ab, bis die äußere Ruhe zur inneren geworden ist. Für Omey-Liebhaber ist die Insel deshalb ein Synonym für Seelenfrieden. Einmal erlangt hält die heitere Gelassenheit auch nach der Rückkehr aufs Festland noch eine ganze Weile an und kann mit regelmäßigen Gängen auf die Gezeiteninsel immer wieder aufgefrischt werden – vorausgesetzt, das Timing stimmt.

Nachbarinsel Illaunakeegher

Info

Lage: Die Gezeiteninsel Omey liegt im Westen von Connemara, etwa drei Kilometer vor Claddaghduff und etwa 100 Kilometer nordwestlich von Galway.

Websites:

- *connemara.net/omey-tidal-island*
- *connemara.net/omey-island-walk*

HINWEISE:

- In der Dorfmitte führt ein Weg hinunter zur Tidal Roadway nach Omey Island.
- Um Omey Island trocken zu erreichen, empfiehlt es sich die Gezeiten zu kennen. *sailing.ie/Tides/Galway*
- Wer länger bleiben möchte, findet auf *loveconnemaracottages.com* eines der wenigen Ferienhäuser auf der Insel.

34 Finde Freaghillanluggagh!

CLEW BAY

Zu schön, um schnell zu sein. So lautet die Begründung, wenn man für Irlands längsten Offroad-Rad- und -Wanderweg sehr viel mehr Zeit braucht als für Strecken ähnlicher Länge. Schuld ist nur Mayos märchenhaftes Panorama.

Da findet man die Tankstelle mit der herrlichsten Aussicht im ganzen Land und muss sie gar nicht ansteuern, weil man auf dem schönsten Rad- und Wanderweg unterwegs ist, den Irland zu bieten hat. Der 42 Kilometer lange Great Western Greenway führt entlang einer stillgelegten Bahntrasse durch den äußersten Westen der grünen Insel. Schon bei ihrer Eröffnung im Jahr 1895 galt die Strecke von Westport nach Achill Island als landschaftlich attraktivste Eisenbahnroute Europas. Nachdem die letzten Züge 1937 durch das Küstengebiet dampften und auch die alten Schienen längst verschwunden sind, genießen Radler, Wanderer und Landschaftsfotografen ungestört und abseits aller Straßen die Aussicht auf eine der spektakulärsten irischen Meereslandschaften – die Clew Bay. Die Buckel von weit über 100 großen und kleinen Inseln ragen aus dem eisvogel-

Lieblingstankstelle

Great Western Greenway

blauen Wasser der Bucht, auf dass die Sonne sie in ein flirrendes Licht tauche und Robben, Kormorane und Sturmtaucher ihnen einen Besuch abstatteten. Ein großartigeres Erbe hat die letzte Eiszeit nirgends sonst in Mayo hinterlassen, und die dankbaren Iren haben sich auch große Mühe gegeben, den Eilanden entsprechend stimmungsvolle Namen zu geben. Quinsheen, Sixpenny Island, Inishbobunnan, Trawbaun oder Muckinish wurden sie getauft. Kurioserweise tragen die kleinsten Inseln die längsten Namen. Freaghillanluggagh und Corragaunnagalliaghdoo kommen Touristen erst nach dem fünften Guinness einigermaßen fehlerfrei über die Lippen. Das behaupten sie jedenfalls an den Tresen hiesiger Pubs und geschäftstüchtige Wirte nicken dazu.

Inseln der Clew Bay

Die einen benötigen nach alkoholisierten Sprachübungen ein bisschen länger für den Great Western Greenway, die meisten anderen aber kommen nicht besonders schnell voran, weil das Clew-Bay-Mosaik aus Schaumkrönchenweiß, Ultramarin und Maiwiesengrün so ungeheuer hinreißend ist. Gut, wer ohne Zeitplan unterwegs ist, denn der kommt nie zu spät und muss sich auch nicht an den sechs Stunden Fahrzeit oder den zwölf Stunden Gehzeit orientieren, die für die komplette Tour angegeben werden.

Alte Eisenbahnbrücke

Aufgeteilt in drei Etappen kann man im beschaulichen Städtchen Newport einen ersten Zwischenstopp einlegen, um sich das alte Eisenbahnviadukt über den Fluss Black Oak anzusehen. Bevor es anschließend weiter über die Corraun-Halbinsel zum Achill Sound geht, lädt Mulranny zur Übernachtung ein. Mulranny ist jenes Dorf, das sich der eingangs erwähnten Tankstelle mit der schönsten Aussicht rühmen darf. Im Zentrum des Ortes auf einem Plateau gelegen, geraten die Zapfsäulen schon mal in Vergessenheit, wenn sich Connemaras silberblaue Berge vor der leuchtenden Himmelsleinwand abheben und der markante Kegel von Irlands heiligem Berg Croagh Patrick herübergrüßt. Vor lauter blühenden Rhododendronwäldern, glänzenden Sanddünen und Salzwiesen um einen herum weiß man vor Begeisterung bald gar nicht mehr, wo man hinschauen soll. Achill Island muss noch ein wenig warten. Solange schauen wir auf all die Inseln, die wie eine riesige Flotte aus Felsenschiffen in der Bucht ankern, und raten, welche wohl Freaghillanluggagh sein mag.

Info

Lage: Die Clew Bay liegt etwa 90 Kilometer nordwestlich von Galway. Zwischen Westport, Newport und Mulranny fährt man auf der N59 die Bay entlang.

Websites:

- *greenway.ie*
- *clewbaybiketrail.ie*

HINWEIS: Clew Bay Bike Hire unterhält Stationen in Westport, Newport, Mulranny und am Achill Sound. Es werden auch Einwegmieten und Shuttleservices von Westport nach Achill angeboten. *clewbaybikehire.ie*

35 Planen Sie langfristig!

ACHILL ISLAND

Irlands größte Atlantikinsel lieferte schon den Stoff für große Literatur, stand Malern Modell und übernahm die landschaftliche Hauptrolle im Film „The Banshees of Inisherin“. Höchste Zeit, seine ganz persönliche Geschichte mit der Weltberühmten zu beginnen.

Für die Behauptung, dass der Hype, den Schriftsteller, Maler und Regisseure um diese Insel machten, maßlos übertrieben sei, wäre in alten Zeiten ein Beichtgang fällig gewesen. Achill Island wurde keineswegs nur gut in Szene gesetzt oder hoffnungslos idealisiert. Verstehen könnte man so eine kleine Flunkerei aber durchaus, denn wer teilt schon gern, wenn er hofft, ungestört zum Achill Head wandern, die spektakulären Klippen von Croaghaun anstaunen oder ganz allein in einer der schönsten Sandbuchten des Landes müßiggehen zu können? Der wilde Zauber dieser Landschaften kann ein wenig menschenscheu, ganz sicher aber egoistisch machen. Hilft jedoch alles nichts. Nachdem Heinrich Böll seiner langjährigen Wahlheimat ein literarisches Denkmal

Das verlassene Dorf

gesetzt und sie in Deutschland populär gemacht hat, reisten Generationen von Lesern mit seinem „Irischen Tagebuch" als Baedecker-Ersatz auf die Insel vor Mayos Küste. Dort suchen sie die Böllschen Schauplätze und finden an den baumlosen Südwesthängen des Slievemore Mountain tatsächlich noch die Ruinen jenes verlassenen Dorfes, dem der Autor das Kapitel „Skelett einer menschlichen Siedlung" gewidmet hat. Von den einstigen

Bewohnern in den Jahren der Großen Hungersnot von 1845 bis 1849 verlassen, wurden ihre zerfallenen Häuser zu einem Denkmal für die Entvölkerung des irischen Westens.

Bölls eigenes Cottage im Dörfchen Dugort ist noch gut in Schuss, versteckt sich aber hinter baumhohen Fuchsienhecken und steht, von gelegentlichen Lesungen abgesehen, nur Kulturstipendiaten offen. Denen gönnen wir das ungestörte Arbeiten und fahren über die Panoramastraße Atlantic Drive in den Süden der Insel, wo die Keem Bay wie geschaffen scheint für die Leinwand eines Malers. Umrahmt von grauschwarz gezackten Klippen schimmert eine sichelförmige Bucht aus weißgoldenem Sand vor der unglaublichen Bläue des Wassers, das Achill sich aus der Ägäis geborgt haben muss. Kein Wunder, dass Künstler wie Camille Souter, Derek Hill und Evie Hone auf der Insel ihre Staffelei aufstellten. Der irische Maler Paul Henry soll beim Anblick dieser nahezu mediterranen Meereslandschaft glatt sein Rückfahrtticket zerrissen haben. Aus einem geplanten Arbeitsaufenthalt

Heinrich Bölls Cottage

Life is a beach

von wenigen Wochen wurden so neun Jahre, in denen Paul seine berühmten Liebeserklärungen an Achill malte. Es muss ja nicht gleich für immer sein, aber vielleicht packen Sie sicherheitshalber ein paar Pullover mehr ein. Und nicht vergessen: „Als Gott die Zeit machte, hat er genug davon gemacht." So steht es jedenfalls im Irischen Tagebuch.

Info

Lage: Achill Island liegt im äußersten Westen des County Mayo, etwa 130 Kilometer nordwestlich von Galway.

Websites:

- *achilltourism.com*
- *visitachill.com*

HINWEIS: Im Rahmen spezieller Einführungskurse bietet die Achill Archaeology Field School Laien einen spannenden Einblick in Ausgrabungsmethoden und Feldarbeit.
achill-fieldschool.com

36 Ruhig wie ein Riesenhai

MULLET PENINSULA

Mayo und Mullet sind Synonyme für Seelenfrieden. Die Chance auf Weltferne, Stille und Zeiten einsamen Glücks in der Natur stehen im äußersten Nordwesten des Landes besonders gut.

Die meisten von uns führen ein Leben auf toter Fläche – Straßen, Bürgersteige, Bahnhöfe, Hochhausklötze und Parkplatzwüsten, lauter Großbaustellen des Lärms, der Hektik und des Missvergnügens. Das Kontrastprogramm zu dieser Teer- und Nacktbetonatmosphäre unserer Städte lautet – Mullet Peninsula. Still und grün statt grau und laut ist es auf der Halbinsel im County Mayo fast überall, doch an einem Ort gerät die Rastlosigkeit der Welt vollkommen in Vergessenheit. Erris Head heißt dieser verheißungsvolle Flecken, hoch im Norden von Mullet. Hier ist „big sky contry". Ein weites Land unter einem hohen Himmel, wo weder Berge noch Bauwerke den Horizont vollstellen. In der einsamsten und vielleicht auch stillsten Ecke Irlands herrschen Meer und Wetter, nicht Internet und Smartphone. Die menschenleere Gras- und Heidelandschaft am Erris Head ist der Gipfel

Broadhaven Lighthouse

der Ruhe und Einsamkeit. Nur mit Möwen, Feldlerchen und einigen scheuen Schwarzkopfschafen müssen sich Wanderer das Panorama des Ozeans teilen. Weit draußen bohrt eine markant gezackte Inselgruppe ihre Felsspitzen in tiefer gelegte Wolken. Es sind die Stags of Broadhaven, eine uralte Gesteinsformation, die je nach Blickwinkel mal an das Opernhaus in Sydney, mal an ein prähistorisches Seeungeheuer erinnern.

Die anderen Zacken, die sich gelegentlich in der Broadhaven-Bucht erspähen lassen, sind die öligen grauschwarzen Rückenflossen der Riesenhaie. Lang wie ein Bus, mit einer Leber im Format eines Mittelklassewagens und einem Gehirn kleiner als eine Orange, aber mit einem Maul, das einen Menschen am Stück verschlingen könnte. Dergestalt jagte der zweitgrößte Fisch der Erde irischen Fischern einst gewaltige Angst ein, bis sich herausstellte, dass er sich ausschließlich von Plankton ernährt, absolut harmlos und sehr gelassen ist. Seitdem gibt es das gälische Sprichwort „As tranquil as a basking shark – so ruhig wie ein Riesenhai", das die gutmütige Wesensart des Giganten beschreibt.

Blacksod Lighthouse

Touristenmassen strömen jedoch nie zum Hai-Spotting auf die Mullet-Halbinsel, denn Mayo, durch Moore und Bergketten vom Rest Irlands getrennt, gehört zu den am dünnsten besiedelten Regionen des Landes. Dieser Abgelegenheit verdankt Mullet, dass weite Flächen ihrer Landschaft eine straßen- und strommastfreie Oase bleiben durfte. Neben wetterfesten Naturfreunden finden deshalb meist nur Geschichtsinteressierte den Weg hierhin. Es zieht sie vor allem an die Südspitze der Halbinsel, zum Blacksod Lighthouse. Die wohl wichtigste Wettervorhersage in der Geschichte der Menschheit wurde von diesem Leuchtturm aus gemacht, der zunächst durch seine ungewöhnliche quadratische Form und die groben Granitblöcken auffällt, aus denen er Anfang der 1860er-Jahre erbaut wurde. Zum bekanntesten Leuchtturmwärter von Blacksod wurde Ted Sweeney, der seine Wetterbeobachtungen regelmäßig auch nach Großbritannien lieferte. Für den 5. Juni 1944 hatte Ted stürmische Winde, tiefe Wolken und Starkregen prognostiziert und damit unwissentlich den Verlauf des Zweiten Weltkriegs verändert. Aufgrund der schlechten Aussichten verschob General Dwight D. Eisenhower nämlich die lange geplante Invasion in der Normandie um 24 Stunden und sicherte damit den Erfolg der Militäraktion.

Erinnerungstafel

An der Blacksod Bay sitzen und über den immensen Wert sinnieren, den ein einziger Wetterbericht haben kann, oder am Erris Head Sturmtaucher, Basstölpel und Wiesenpieper beobachten und dabei mühelos in den Gemütszustand eines Riesenhais geraten – ruhig, gelassen und heiter. Mit der Aussicht auf solche Erlebnisse werden Mayo und Mullet zu Verheißungen auf Muße, Geruhsamkeit und Frieden.

Info

Lage: Erries Head liegt im Norden der Mullet-Halbinsel, der Blacksod-Leuchtturm an ihrem südlichsten Zipfel. Die Mullet Penisula ist etwa 150 Kilometer nordwestlich von Galway entfernt.

Websites:

- *northmayo.ie*
- *komoot.de/tour/624584327*
- *visitblacksodlighthouse.ie*

HINWEIS: Vom Blacksod Point schippert die alteingesessene Familie Lavelle ihre Passagiere auf die Inishkea Islands. Die Inseln sind Paradiese für Kegelrobben, Nonnengänse und Eissturmvögel. *belmulletboatcharters.com* und *inishkeaislands.wordpress.com*

37 Heiliger Spalter

DOWNPATRICK HEAD

Aus dem irrsinnig grünen Wiesenpelz, den sich das Gelände übergezogen hat, strahlt das Pink tausender Strand-Grasnelken. Vorsichtig nähere ich mich dem Klippenrand und halte Ausschau nach Möwen und Sturmtauchern, die dort in den Gesteinsmulden nisten. So wie beim Schütteln einer Schneekugel weiße Partikel aufgewirbelt werden und sich langsam wieder setzen, schneien auch die Felsen dieser Landzunge immer wieder ein, wenn Bewegung in die Vogelkolonien kommt. Minutenlang kreist dann eine weiße Wolke aus Seevögeln um den markanten Brandungsfelsen Dún Briste, der in einiger Entfernung vom Klippenrand äußerst dekorativ im Atlantik steht. Er trägt die Handschrift von Jahrmillionen. Wie ein Stück aus einer geologischen Schichttorte lassen sich seine verschiedenfarbigen Lagen aus Schiefer, Kalk- und Sandstein erkennen, jenem Baumaterial, aus dem die gesamte Felsformation dieser Küste vor etwa 350 Millionen Jahren gebildet wurde.

Würden Landschaften wie Hotels und Restaurants mit Sternen ausgezeichnet, die fantastische Klippen-Choreografie aus Farbe, Licht und schroffen Formen im Norden der Grafschaft Mayo hätte mindestens neun verdient.

Daran, dass Dún Briste die Verbindung zu Irland kappte und zum trotzigen Einzelgänger wurde, soll ein heidnischer Clan-Chef schuld gewesen sein. Seine erbitterte Weigerung zum Christentum zu konvertieren, hatte den missionierenden Patrick dermaßen erbost, dass er seinen Predigerstab an Ort und Stelle in den Boden rammte und genau jenes mächtige Felsstück abspaltete, auf dem sich der widerspenstige

Brandungspfeiler Dún Briste

Am Downpatrick Head

Stammesführer befand. Dún Briste – „zerstörtes Fort“ taufte man das fast 50 Meter hohe Bruchstück. Die Festlandseite erhielt den Namen Downpatrick Head. Dass es in Wirklichkeit die Brandung des Ozeans war, die sich solange in das Gestein gegraben und die entstandenen Höhlen unterspült hatte, bis die darüber liegenden Flächen Ende des 14. Jahrhunderts eingestürzt sind, schmälert die Schönheit dieser Küste nicht. Unter einem sich ständig wandelnden Himmel stehen, zusehen, wie Möwen mit ihren Flügeln im Wind rudern, und beschließen, noch einen zusätzlichen Stern zu vergeben, weil die Entstehungslegende so ungeheuer gut zu dieser Landschaft passt.

Lage: Downpatrick Head liegt wenige Kilometer nördlich des Dorfes Ballycastle im County Mayo im Nordwesten Irlands, etwa 135 Kilometer nördlich von Galway.

Info

Website: *mayo-ireland.ie*

HINWEIS: Unweit von Downpatrick Head breiten sich die Céide Fields aus, einer der flächenmäßig größten Steinzeitfunde Europas. Überreste von Feldmauern, Häusern und Megalithgräbern erzählen vom Leben eines Bauernvolkes vor rund 6000 Jahren. *ceidefields.com*

38 Kuhweiden-Kostbarkeit

MOYNE ABBEY

„Sollten Sie jemals meinem Geist im Haus oder auf dem Grundstück begegnen, grüßen Sie ihn von mir." Spleenig erscheint die Bitte, die der irische Schriftsteller Samuel Beckett in einem Brief an seine Nachmieter geäußert hat, nur Irland-Neulingen. Alle Eingeweihten wissen ja, dass Irland so voll von Gespenstern ist, dass extra ein Rotationsprinzip eingeführt werden musste, damit an Halloween jeder Geist wenigstens einmal spuken darf. Vor allem in verlassenen Klöstern wie der Moyne Abbey im County Mayo sollen sie gerne ihr Unwesen treiben.

Versteck der Vergangenheit

„Mumpitz!", meinen jene, die sich für solche Gruselgeschichten nicht empfänglich zeigen, und tatsächlich besteht die eigentliche Mutprobe beim Besuch der Anlage auch nicht darin, eine Geisterbegegnung zu wagen, sondern notfalls vor einem wütenden Bullen zu flüchten, der auf Touristenjagd geht. Eine der imposantesten Klosterruinen Irlands versteckt sich nämlich ausgerechnet auf einer Kuhweide. In jedem anderen Land würde ein solcher Schatz in Zeiten des Massentourismus nicht im Verborgenen blühen, in Mayo aber spaziert man betont gelassen an einigen Mutterkühen und ihren Kälbchen vorbei und wird anschließend damit belohnt, den Zauber der Vergangenheit ganz für sich allein zu haben.

Ehrwürdig gealtert

1590 brannte Moyne Abbey völlig nieder. Seitdem fehlt ihr das Dach, doch Kirche, Kreuzgang, Sakristei und Küche halten bis heute stand. Durch spätgotische Fensterhöhlen blitzt das Blau des Himmels und kontrastiert mit dem Schwarzgrau der verwitterten Mauern. Die Arkadenbögen rund um den Klostergarten haben sich einen dicken Mantel aus Flechten und Moos übergezogen, von dem ein unheimlich grellgrüner Schimmer ausgeht, und der Klosterturm wirft trotz abgebrochener Spitze einen langen Schatten auf Generationen uralter Grabplatten. Über Treppen erreicht man das Obergeschoss, in dem sich die Schlafräume der Mönche befanden. Von hier reicht der Blick weit in die Killala Bay, zur Mündung des Flusses Moy und die Bergkette der Ox Mountains.

Ruinenschönheit

Die Magie dieses Ortes besteht darin, dass hier einmal Menschen lebten und es einem überhaupt nicht schwer fällt, sich dieses Leben vorzustellen. Mönche, die Gott priesen und das irische Wetter verfluchten, die ihren Kräutergarten hegten, in der Bibliothek studierten und im nahen Fluss Lachse fischten. Das Zurückversetzen in die guten alten Klosterzeiten gelingt in der Moyne Abbey besonders gut, weil man sich diesen Ort fast nie mit anderen Reisenden teilen muss. Mayo war schon immer eine der am wenigsten besuchten Gegenden Irlands. Nur Wiesen, Himmel, Meer und Schafe, damit lockt die Grafschaft im Nordwesten keine Massen an. Ein echtes Glück. Kein Geschnatter großer Touristengruppen, kein Klicken der Kameras, keine achtlos weggeworfener Abfall – rein gar nichts kontaminiert die besinnliche Schönheit der Ruine mit Gegenwart. Wie unvergänglich Vergangenheit doch sein kann.

Info

Lage: Moyne Abbey liegt etwa elf Kilometer nördlich von Ballina. Dort gibt es am Ortsausgang eine unscheinbare Abzweigung nach links. Nach ungefähr 500 Metern führt ein Pfad über eine Kuhweide zur Abbey. Ballina liegt etwa 115 Kilometer nördlich von Galway.

Adresse: Abbeylands, County Mayo

Websites:

- *mayo-ireland.ie*
- *northmayo.ie*

HINWEISE:

- In North Mayo finden sich noch weitere historische Klöster. Die 14 Kilometer lange Radroute The Monasteries of the Moy zwischen Ballina und Killala führt zu vier dieser alten Abteien. *northmayo.ie/explore-mayo-norths-many-cycling-trails*
- Leihräder, Zubehör und Reparaturservice bietet *ballinabikehire.com*

39 Ab durch die Mitte!

SHANNON RIVER

Die herrlichen Landschaften der Midlands verdienen Langsamkeit. Also runter vom Asphalt und rauf aufs Wasser! Eine Hausboottour durch das Revier von Schwänen, Stockenten und Graureihern lehrt Freizeitkapitäne die Liebe zur Bummelei, denn für Stress und Hektik ist an Bord einfach kein Platz.

„Du musst nicht Sindbad der Seefahrer sein“, versichert der Verleiher. Weder Weltmeererfahrungen noch ein Bootsführerschein sind nötig, um den Shannon und seine Nebenflüsse befahren zu dürfen. Die Strömungsgeschwindigkeit ist gering, die Zahl der Schleusen überschaubar, und Fracht- oder Linienschiffe sind hier auch nicht unterwegs. Anfänger können sich schon daheim in Online-Kursen mit Wasserkarten und Navigationszeichen vertraut machen. An der Abfahrtsbasis gibt es dann noch eine ausführlichen Einweisung, und nach einer kurzen Probefahrt heißt es: Leinen Los!

Irlands längster Fluss

Mit dem Tempo einer gedopten Schnecke geht es nun mitten durchs irische Idyll. Weißdornbüsche dekorieren die pastellgrünen Ufer. Moorhühner huschen durch mannshohes Schilf, und von den Salzwiesen schallen die lautstarken Rufe langbeiniger Wattvögel herüber. Lauter bühnenbildhafte Landschaften, die zusammen mit dem sanften Plätschern der Wellen auf eine so unheimliche Art beruhigend wirken, dass man glatt wieder nervös werden könnte. Vor allem Großstadtkinder macht die Gemächlichkeit anfangs noch zu schaffen, wenn ihr tuckerndes kleines Boot selbst von Radfahrern auf der Uferpromenade überholt wird. Doch in Sachen „Slow Travelling“ gibt es keinen besseren Lehrmeister als den Shannon.

Artenreiche Uferzone

Irlands schönster und längster Fluss bahnt sich von seiner unscheinbaren Quelle im County Cavan einen rund 360 Kilometer langen Weg durch Irlands moorige Mitte. Dabei zieht er eine blaue Grenze, die den wilden Westen der Insel von den sanfteren Hochebenen im Osten trennt, speist unterwegs Seitenarme, durchfließt fischreiche Seen und mäandert bis zur alten Wikingerstadt Limerick weiter, bevor er sich in den Atlantik verabschiedet. Verbunden mit vielen Kanälen, bildet der Shannon die Hauptader eines rund 800 Kilometer langen Geflechts aus Seen und Flüssen, das sich bis zum Lough Erne in Nordirland erstreckt, das größte Binnenrevier für Freizeitkapitäne in Europa und Heimat für Otter, Eisvögel, Kuckucksblumen und Aurorafalter.

Blesshuhn mit Küken

Guter Fischfänger

Reglose Reiher im goldgrünen Schilf zur Rechten, zur Linken verschlafene Städtchen und immer wieder bedeutende historische Stätten wie die Normannenburg von Athlone oder die Ruinen der 1500 Jahre alten Klosterstadt Clonmacnoise. Wenn deren Rundtürme zwischen den Grashügeln am Shannon auftauchen, machen auch Geschichtsmuffel Halt. An der nächsten Anlegestelle gibt es dann Guinness, Garnelen und viel gesponnenes Seemannsgarn anderer Skipper.

Würde man eine Hausboottour auf dem Shannon nach Effizienzkriterien bemessen, lautete das Fazit, dass mindestens zehn Mal so viel Zeit investiert wurde wie für eine Autofahrt zu den gleichen Zielen. Na und? Was zu Beginn der Reise noch nervtötend langsam schien, erweist sich am Ende als dringend nötige Lektion: Einfach sitzen und schauen und sich über die Zeit freuen, die man im Alltag nie zu haben glaubt und die man sich Schleuse für Schleuse zurückerobert hat.

Info

Lage: Die wichtigsten Anmiethäfen sind Carrick-on-Shannon, Banagher und Portumna. Carrick-on-Shannon liegt etwa 150 Kilometer nordwestlich von Dublin.

Websites:

- *shannon-river.com*
- *locaboat.com*
- *cruiserboatsireland.com*

HINWEIS: Rund zwei Drittel des Shannon sind schiffbar. Bei weniger hausboottauglichen Abschnitten weicht man auf Kanäle aus. Alle Infos zur Navigation, zu den erlaubten Fahrstrecken, Schleusen, Brücken und der ungefähren Fahrtdauer zwischen den Liegehäfen findet man in der Gewässerkarte, die einem bei der Anmietung ausgehändigt wird. Mit der Smartcard bezahlt man Dienstleistungen wie Duschen, Waschmaschinen und Strom in den Liegehäfen und kann damit auch das elektrische Bedienfeld aktivieren, über das die Schleusentore betätigt werden. Sie ist in allen Geschäften unterwegs aufladbar. *shopwaterwaysireland.org*

40 Sanft auf Träume treten

YEATS TRAIL

Berge, Seen, Wasserfälle und Inseln – für Irlands berühmtesten Dichter wurde Sligos landschaftliche Schönheit zur Quelle seiner Inspiration. Ein Besuch der Grafschaft führt deshalb geradewegs in das lyrische Herz Irlands.

Am Rosses Point

Noch vor gar nicht allzu langer Zeit spotteten die Iren, es gäbe nur zwei Gründe für einen Urlaub in Sligo. Weil man sich Kerry nicht leisten kann oder weil man zu müde ist, um weiter nach Donegal zu fahren. Gut geblufft! Eigentlich wollten sie die zauberhafte Grafschaft im Nordwesten der Republik nur gern für sich allein haben. Dass ihr kleiner Schwindel aufflog, lag auch an William Butler Yeats, der in Sligo seine spirituelle Heimat gefunden hatte. Als Kind verbrachte der in Dublin geborene Dichter dort viele Sommer bei seinen Großeltern und schwärmte später von Sligo als „der Ort, der mein Leben am stärksten geprägt hat". Umgekehrt haben seine lyrischen Liebeserklärungen Grafschaft und gleichnamiger Stadt geholfen, einen Weg in die Aufmerksamkeit der Welt zu finden. „Yeats County" lautet inzwischen Sligos Synonym.

Yeats-Skulptur

Derart geehrt errichtete man dem Literaturnobelpreisträger nicht allein eine Bronzeskulptur und das Yeats Memorial House in Sligo Town, sondern schuf mit dem Yeats Trail auch eine Rad- und Wanderroute, auf der all die Orte erkundet werden können, die der irische Goethe in seinen Gedichten verewigt hat. Von Dooney Rock bis Glencar Waterfall, von Lissadell House über Rosses Point bis zum Grabhügel der Feenkönigin Maeve auf dem Knocknarea führt der Weg und selbstverständlich auch zum Ben Bulben. „Könnte ich weit und breit reisen, ich

Classiebawn Castle

könnte nichts finden, was mir so lieb wäre", schrieb Yeats über diesen ikonischen Tafelberg, der Sligos Landschaft dominiert und wie ein gewaltiges Steinschiff auf das Meer zuzusteuern scheint.

Warum W.B. Yeats und auch sein als Maler berühmt gewordener Bruder Jack sich von Sligo so angezogen fühlten, ist am Lough Gill besonders leicht zu verstehen. In diesem stillen Bergsee liegt die kleine Insel Innisfree, auf die sich der Dichter lebenslänglich zurückwünschte, um dort in einer einfachen Lehmhütte mit „neun Reihen Bohnen, ein Bienenvolk" zu leben. Nachzulesen in seinem bekanntesten Gedicht „The Lake Isle of Innisfree". Ob See-, Berg- oder Heidelandschaften – für Yeats war alles eine Inspirationsquelle, und die Echos seiner Erlebnisse hallen in seiner Lyrik nach. Der Sammelband seiner Gedichte wird auf dem Kirchhof von Drumcliffe schließlich ein letztes Mal aufgeschlagen. Hier, zu Füßen des Ben Bulben, wünschte sich

Blick auf Ben Bulben

Yeats seine letzte Ruhestätte. Wer sein bemerkenswert schlicht geratenes Grab besucht, kommt am Rande des Friedhofparkplatzes an einer wundervollen Bronzeskulptur der Künstlerin Jackie McKenna vorbei. Ein schlanker junger Mann mit nacktem Oberkörper und bloßen Füßen hockt dort und liest die Worte des Gedichts „He Wishes for the Cloths of Heaven". Wie auf einem Zauberteppich breiten sich die Zeilen aus, die unter der Statue in den Boden eingraviert sind. „I have spread my dreams under your feet; Tread softly because you tread on my dreams." Wenn der Wind heute vom Atlantik herüberbläst, tanzen herabgefallene Blätter über den Platz und über die Träume des verletzlichen Mannes, dem man sich auf dieser Sligo-Reise behutsam genähert hat.

Grab von W.B. Yeats

„Tread softly ..."

Info

Lage: Sligo ist die Hauptstadt der Grafschaft Sligo und liegt am Garavogue River in der Provinz Connaught, etwa 200 Kilometer nordwestlich von Dublin.

Website: *yeatstrail.ie*

HINWEISE:

- Mit einer Dauerausstellung würdigt die Yeats Society den Dichter und veranstaltet regelmäßig Literaturveranstaltungen. *yeatssociety.com*
- Die App „Yeats Unwrapped" nutzt GPS, um auf des Dichters Spuren durch Sligo zu führen, und ist kostenlos für Android und iOS verfügbar.
- Eine Bootstour auf dem Lough Gill führt auch zu W.B. Yeats Sehnsuchtsinsel Innisfree. *roseofinnisfree.com*

41 In Algen aalen

VOYA SEAWEED BATHS

Wellness auf Irisch gefällig? Bei der Vorstellung, sich in einen warmen Haufen schleimig brauner Algen zu legen, guckt manch einer wie sieben Tage Sauerkrautdiät. Doch wer die Spezialbehandlung wagt, singt hinterher wahre Hymnen auf den Wohltäter aus dem Meer.

Als Ersatz für Kautabak, Entwurmungsmittel und nahrhafte Armenspeise nutzen die Iren den Seetang an ihren Küsten schon seit über 800 Jahren. Zu Beginn des 20. Jahrhunderts begann dann der große Algenbäder-Boom. Reich an Vitaminen, Mineralien und Spurenelementen sollen Wannenladungen dieser Meeresgewächse nämlich nicht nur gut gegen Ekzeme, Rheuma und Arthritis helfen, sondern auch die Durchblutung fördern und das Gewebe straffen. Von kleinen Seejungfrauen mit Cellulite, schlaffer Haut oder Falten hat man in der Tat noch nicht gehört. Also einfach mal ausprobieren!

Algenernter

Nötig haben Sie und ich so eine Jungbrunnenkur selbstverständlich nicht, wir baden bloß gern. Gelegenheit dazu gibt es im Voya Seaweed Bath im Küstendorf Strandhill. Für sein im Jahr 2000 eröffnetes Badehaus erntet Neil Walton mit seinen Mitarbeitern über 100 Tonnen Bio-Algen pro Jahr von Hand. Das Badewasser stammt ebenfalls aus dem Meer, wird direkt aus dem Atlantik vor der Haustür gepumpt, erhitzt und dann in die Wanne geleitet. Der seidige Seetang darin verleiht dem Wasser einen

Tang tut gut

Pure Entspannung

warmen Bernsteinton und setzt die reichhaltigen Öle der Algen frei. So abschreckend matschig, wie ich es mir vorab ausgemalt hatte, ist die Angelegenheit ganz und gar nicht. Bevor ich nun unter das weiche Gewirr tauche, entspannt erst noch eine Dampfbehandlung meine Muskeln und öffnet die Poren. Dann ab in die Wanne, zurücklehnen, loslassen und vom Hals bis zu den Fußspitzen absorbieren, was an heilsamen Stoffen so alles in den Algen steckt. Erst kriege ich ein bisschen Appetit nach Sushi, dann spüre ich, wie wunderbar weich die Haut wird und stelle das Denken ein.

Wellnesswanne

Als ich dem Tang nach fünfzig Minuten revitalisiert und renoviert entsteige, weiß ich, dass keiner dieses Bad verlässt, wie er gekommen ist. So strahlend schön wie eine Nixe gehe ich nachher zwar nicht durch Sligo, aber wie eine sehr, sehr entspannte, nach Salz und Seeigel riechende Landratte mit auffallend geschmeidigem Gang und glänzendem Haar.

Info

Lage: Strandhill liegt etwa acht Kilometer westlich von Sligo.

Adresse: Shore Road, Carrowbunnaun, Strandhill, County Sligo, F91 FYW3

Website: *voyaseaweedbaths.com*

HINWEIS: Wer es gern weniger modern mag, der steuert die hübsch altmodischen Badehäusern des 1912 eröffneten Kilcullen's Seaweed Bath in Enniscrone an. *kilcullenseaweedbaths.net*

Ulster – Nordirland und County Donegal

Giant's Causeway

Ulster – Nordirland und County Donegal

42. Leave a light on! St. John’s Point
43. Dünen hüten: Sheskinmore Nature Reserve
44. Adler im Auge: Glenveagh National Park
45. Sand in Sicht: Ballymastocker Bay und Carrickfinn Beach
46. Rockpooling mit Robben: Fanad Peninsula
47. Die Fassaden voll haben: City of Derry
48. Wünscht euch was! Giant's Causeway
49. Eiskalt erwischt: Titanic Belfast Museum
50. Blühendes Kunstwerk: Mount Stewart Gardens

Bowmore
Port Ellen
Glenbarr
Campbeltown
Southend
Straits of Moyle
46
Fanad Head
Carndonagh
48
Dunfanaghy
Ballymastocker Beach
Bushmills
Ballycastle
Coleraine
45
44
45
47
Limavady
Waterfoot
Glenveagh National Park
Dungloe
Letterkenny
Derry/Londonderry
Dungiven
Ballymena
Larne
43
Finn
Strabane
VEREINIGTES KÖNIGREICH
Antrim
49
50
42
Donegal
Cookstown
Lough Neagh
Belfast
John's Point
Omagh
Lisburn
Newtownards
Sixmilecross
Craigavon
Lower Lough Erne
Munninane
Enniskillen
Emyvale
Armagh
Downpatrick
Sligo
Erne
Newry
Newcastle
Clones
Ballymote
Castleblayney
Shannon
Cavan
Dundalk
Bailieborough
Dunleer
Castlerea
Longford
IRLAND
Boyne
Navan
Balbriggan
Lough Ree
Mullingar
Irische See
Edenderry
Ballinasloe
Tallaght
DUBLIN
Tullamore
Liffey
0
50 km

42 Leave a light on!

ST. JOHN'S POINT

Zum Meeresküsten-Inventar gehören Schiffe, Möwen, ein weiter Horizont und natürlich Leuchttürme. Stets üben sie eine besondere Faszination und Anziehungskraft aus. Glücklich, wer als Gast im St. John's Point Lighthouse von einem Leben an der irischen Atlantikküste träumen darf.

Ein Turm zum Träumen

Kein Ort, der mehr Geborgenheit und Ruhe verspricht als ein Leuchtturm – Symbol für Sicherheit und Hoffnung. Der Weg dorthin, wo nur Wind und Atlantikwellen einem noch Gesellschaft leisten, ist allerdings weit. Die Freiheit von Hektik und Lärm wartet am St. John's Point, dem äußersten Ende einer langen Halbinsel im County Donegal. Rund elf Kilometer weit ragt diese Landzunge in die Donegal Bay hinein. Erst kurz vor der Ankunft lugt der Leuchtturm über hohe Farnreihen und grellgelbe Ginsterbüsche hinweg, als würde er nach jemandem Ausschau halten. Na endlich!

Weiß getünchte Granitmauern nehmen ihre Gäste in Empfang. Dahinter bilden zwei L-förmige Gebäude einen Hof und umzingeln so den 14 Meter hohen Turm – fest entschlossen, allem Widerstand zu leisten, ob sintflutartigen Stürmen oder teuflischem Trommelregen. Man fühlt sich von diesen dicken Wällen sofort gut geschützt, und das Gefühl einer fast klösterlichen Isolation stellt sich ein. Franziskanische Bescheidenheit statt Komfort muss man allerdings nicht befürchten. Die beiden Ferienwohnungen SJ Schooner und SJ Clipper sind bestens ausgestattet, mit zwei bemerkenswerten Ausnahmen: Es gibt weder Fernsehen noch Wi-Fi. Doch alles, was die Leuchtturm-Gäste wirklich brauchen,

Stilvolles Wohnzimmer

Leuchtturmschlafzimmer

ist vorhanden – bequeme Betten, eine Küche mit Meerblick, Ferngläser für die Walbeobachtung und ein Barometer, damit man sich in der Kunst der Wettervorhersage üben kann – wie einst die Wärter dieses Turms, die hier seit 1831 ihren Dienst versahen.

1932 wurde der Leuchtturm am St. John's Point auf Gasbeleuchtung umgestellt, 30 Jahre später elektrifiziert und automatisiert. Seitdem wohnen dort keine Wärter mehr mit ihren Familien, aber landesweit sind noch immer 70 Off- und On-shore-Leuchttürme in Betrieb. Unterhalten von der Organisation der Commissoners of Irish Lights spielen Leuchttürme weiterhin eine wichtige Rolle für die Sicherheit der Seeschifffahrt. Einige können besichtigt werden, aber nur eine Handvoll dieser steinernen Wächter nehmen Irlandreisende unter ihre Fittiche. Abgeschottet und gut verborgen gewöhnt man sich in den ehemaligen Leuchtturmwärterwohnungen schnell an das Muscheldasein, hört dem Wind zu, redet mit Möwen, sucht den Horizont nach Schiffen und Walen ab und wartet darauf, dass der Leuchtturm in der Nacht sein überhelles Licht als strahlend weißen Pfeil über die dunklen Wellen schickt, alle sechs Sekunden. Das ist der Puls von St. John's Lighthouse, sein charakteristisches Lichtintervall, das ihn von allen anderen Leuchttürmen unterschiedet. Mit ihm versichert er den Menschen draußen auf dem Meer und denen in seinen Mauern: „Sorgt euch nicht, ich bring' euch alle wohlbehalten durch die Finsternis!"

Der nächste Küstenmorgen startet dann mit hallendem Möwenwecker und Atlantikwellen, die sanft über granitgraue Felsen schwappen. Basstölpel schießen auf der frühen Jagd nach Fischen ins Meer, und an einer Stelle, an der sich das Wasser auffallend schäumt und kräuselt, taucht plötzlich kein Tölpel nach seinem Tauchgang, sondern ein schwarzer Buckel samt Finne auf. Ein Zwergwal, der schon so oft in die Bucht zurückgekehrt ist, dass die Fischer ihn Bumerang getauft haben. Manchmal bringt er noch einen Gefährten mit oder wird von einer Schule Salto springender Delfine begleitet. Der Vorsatz, diesen Ort noch einmal zu besuchen, war längst gefasst, doch bei diesem Anblick wird er zum festen Versprechen, zum Schwur, so bald wie möglich zu diesem Leuchtturm zurückzukehren.

Innenhof

Lage: St. John's Point liegt etwa 26 Kilometer südwestlich von Donegal.

Adresse: St. John's Point, Dunkineely, County Donegal

Websites:

- *greatlighthouses.com*
- *irishlights.ie*

Info

43 Dünen hüten

SHESKINMORE NATURE RESERVE

In Sheskinmore erreicht Irland einen fast gespenstischen Grad an Verlassenheit. Selbst an sonnigen Julitagen kann ich stundenlang durch das Reservat wandern, ohne auch nur einem einzigen Menschen zu begegnen. Es ist Teil einer großen Küstenlagune samt Marschland, Sumpfregionen, Salzwiesen sowie Stränden und zählt wegen seiner außergewöhnlich großen biologischen Vielfalt zu Irlands wichtigsten Naturschutzgebieten. Das Gras hat den Sand hier so fest im Griff, dass keine Düne sich mehr auf Wanderschaft begeben kann. Stattdessen haben sich die Dünen ein dichtes Fell aus Wildblumen wachsen lassen, das im Frühling farbenfroh flimmert, bevor Scharfgarben im Herbst eine goldgelbe Decke über das Land ziehen. Begleitet vom Gesang der Rohrammer und Feldlerchen üben Kiebitze ihren Kunstflug, während Falken auf Beutesuche über den Strandhafer kreisen, Eidechsen durchs Gebüsch huschen und metallicblaue Libellen am Seeufer patrouillieren.

Psst! Hier haben Kiebitze, Singschwäne, Otter und Orchideen ihr Zuhause. Sie teilen ihre Zweigstelle des Paradieses auch mit menschlichen Zivilisationsflüchtlingen, vorausgesetzt, die beherrschen das kleine Naturschutz-Einmaleins.

Sheskinmore ist nicht allein ein Reservat für Frösche, Füchse und Wiesenpieper, sondern auch ein Biotop für stille Genießer, für Menschen, die gerne die Natur beobachten. Ein Spaziergang auf dem Dünenweg zum Ballinreavy Strand entfacht Glücksgefühle, wenn ein leichter Wind durchs Haar streicht, die Nachmittagssonne über einen hohen Himmel tanzt und ihre Scheinwerferstrahlen über die Dünengräser gleiten lässt. Hier hat man einen weiten Blick über die Bucht auf die Klippen von Sliabh Tuaidh und die Insel Inishbarnog, und am Strand kann man vielleicht einen Schwarm Sanderlinge sehen, die den Wellensaum entlangsausen.

Grün und still

Sand wie Samt

Info

Lage: Sheskinmore Nature Reserve breitet sich zwischen Kiltooris und Ballinreavy Strand, nordwestlich des Ortes Ardara, aus. Ardara liegt etwa 30 Kilometer nordwestlich von Donegal.

Website: *npws.ie/nature-reserves/donegal/sheskinmore-nature-reserve*

HINWEIS: Es gibt mehrere Zugangspunkte. Der Haupteingang befindet sich am Mullyvea-Tor gegenüber dem Kiltooris Lough. Von der Ostseite gelangt man zum Beispiel bei Sandfield ins Reservat. Hunde sind stets an der Leine zu halten. Ein Teil des Grundstücks auf dem Gelände befindet sich noch immer in Privatbesitz. Achten Sie darauf, die Tore zu schließen und Mauern oder Zäune nicht zu beschädigen.

44 Adler im Auge

GLENVEAGH NATIONAL PARK

Wo Donegal am schönsten ist? Na dort, wo Rotwild und Raubvogel ihr Revier haben, wo man durch menschenleere Wildnis wandern und über einen der bemerkenswertesten Gärten der Grünen Insel staunen kann.

Wenn Grace Kelly, Greta Garbo und Clark Gable genug vom Hollywood-Rummel hatten, ließen sie sich vom amerikanischen Millionär Henry Plumer McIlhenny auf sein Schloss nach Donegal einladen. Seitdem Glenveagh Castle 1975 in den Besitz des irischen Staates überging, öffnen sich die Tore des Anwesens allen, vorausgesetzt sie sind bereit, Blutzoll zu entrichten. Besonders im Spätsommer stehen Geschwader tyrannisierender Insekten als graue Wolken in der Luft. Der Schmerz ihres Bisses steht in keinem Verhältnis zu ihrer Größe, aber wenn sogar Marilyn Monroe Glenveaghs Mücken die Stirn bot, werde auch ich nicht vor diesen Plagegeistern kapitulieren und hülle mich tapfer in einen Panzer aus Abwehrspray. Wirkt! Die Biester machen einen Bogen um mich, allerdings scheine ich Meilen gegen den Wind zu riechen. Der Hirsch, der sich in einiger Distanz am Fuße eines Hügels blicken lässt, schnaubt jedenfalls mit gehöriger Empörung und galoppiert dann seinem weiter oben wartenden Rudel hinterher. Ich zähle etwa zwei Dutzend Tiere, die nun in einen Eichenwald trotten. Einst von den Schlossbesitzern gejagt, haben sie hier nun eine sichere Zufluchtsstätte, seit das Areal im Herzen der Derryveagh Mountains 1984 zum nationalen Schutzgebiet erklärt wurde. Mit einer Fläche von 16.000 Hektar ist es das zweitgrößte Reservat des Landes, übertroffen nur noch vom Nationalpark in Wicklow.

Glenveagh Castle

Glenveagh ist nicht allein Rückzugsort für Rothirschherden, sondern auch für Menschen, die es reizvoll finden, in dieser archaisch anmutenden Landschaft wenigstens zeitweise verloren zu gehen. Zahlreiche, gut ausgebaute Wege führen durch den Park. Von einem Hügelplateau, das ich nach einem schweißtreibend steilen Aufstieg erreiche, schaue ich auf das gesamte Tal und den von buckligen Bergen umzingelten See. Farngrün, felsgrau und von einem fast unglaubwürdigen Blau, so sieht er aus, der Stoff, aus dem irische Wanderträume sind. Deren Erfüllung gerät zur Perfektion, als jetzt am Himmel einer der neu zugezogenen Parkbewohner seine Kreise zieht – Steinadler.

Sie waren einst auf der Insel weit verbreitet, Anfang des 20. Jahrhunderts jedoch ausgerottet. Im Rahmen des 2001 gestarteten Golden-Eagle-Projekts wurden mehr als 60 in Schottland gezüchtete Steinadlerküken in Glenveagh freigelassen. Zwei Jahrzehnte nach ihrer Wiederansiedlung gefährden ein Mangel an Beutetieren, Windkraftanlagen und die Vogelgrippe die Renaissance der großen Raubvögel in Irland. Fünf robuste Adlerpaare aber brüten in Donegals Nationalpark inzwischen regelmäßig, und ihre Optimismus verbreitende Anwesenheit verfehlt ihre Wirkung auch auf mich nicht. So fühlt sich Wandern für den inneren Frieden an, denke ich, während über mir einer der neuen Stars von Glenveagh anmutig die Lufthoheit behält und unter mir die Türme von Glenveagh Castle über einigen Baumwipfeln hervorlugen.

Steinadlers Revier

Mehr als das zinnengekrönte Granitschloss, das sich John Adair in den 1870er-Jahren als luxuriösen Landsitz am Lough Veagh erbauen ließ, interessieren mich die Gärten, die seine Frau Cornelia anlegte. Unterstützt durch hohe Niederschläge und seltenen Frost, gelang es ihr, inmitten der schroffen Berghänge eine subtropische Oase zu erschaffen. Es gibt viele kleine Gärten, Spazierwege und lichte Waldterrassen zu entdecken; das Meisterwerk knospt, sprießt und rankt jedoch in den Pleasure Grounds, einem versunkenen Garten im Zentrum des Anwesens, der zur Bühne wurde für cremeweiß blühende Riesenlilien, himbeerrote Rhododendren und elegant im Wind wedelnde Baumfarne. Wellen von silbriggrünen Stauden wogen unter hohen Südbuchen und chilenischen Magnolien und kultivieren gemeinsam mit Pflanzen aus aller Welt eine so friedliche Atmosphäre, dass nicht einmal das gelegentliche Sirren der Blutsauger stört.

Schlossgarten

Info

Lage: Der Glenveagh National Park liegt in den Derryveagh Mountains im County Donegal. Nach Donegal sind es etwa 70 Kilometer nach Süden.

Website: *nationalparks.ie/glenveagh*

HINWEIS: Trail-Walker-Busse fahren die Besucher des Parks zu den besten Ausgangspunkten für Wanderungen. Kartenmaterial und umfangreiche Informationen über die Geschichte, Flora und Fauna der Region sind im Visitor Centre erhältlich.

45 Sand in Sicht

BALLYMASTOCKER BAY UND CARRICKFINN BEACH

Donegals Wetter hat nicht den besten Ruf. Wer da hochfährt, kommt mit Kiemen und Schwimmhäuten an den Händen wieder zurück, heißt es. Doch wer sich davon abschrecken lässt, verpasst paradiesisch schöne Strände.

Gottes erstes Ferienziel soll ja Donegal gewesen sein, wo er sich von all den Schöpfungsstrapazen ausgiebig erholte. Weil es ihm dort gar so gut gefiel, kehrt er jedes Jahr im Sommer für einen Kurzurlaub zurück, immer mit einer warmen Brise und dem ewigen Blau seines Himmels im Gepäck. An diesen göttlichen Tagen

Ballymastocker Strand

gilt auch für Donegals menschliche Besucher: Life is a beach! Wie gut, dass die Grafschaft im hohen Norden Irlands mit einer über 1000 Kilometer langen Küste und einer ganzen Kollektion fabelhafter Sandbuchten glänzen kann, darunter sogar der zweitbeste Strand der Welt. Zu diesem Schluss kam jedenfalls eine britische Sonntagszeitung, die in einem vielbeachteten Reiseartikel Ballymastocker Bay die Silbermedaille im Best-Beach-Wettbewerb verlieh. Der Erstplatzierte, ein Badestrand-Schönling auf den Seychellen, konnte den Sieg nur ganz knapp für sich entscheiden. Rummel und Radau muss man am Ballymastocker Bay trotz seiner Berühmtheit jedoch nicht befürchten, schließlich bedeckt er das Westufer des Lough Swilly auf einer stattlichen Länge von 1,5 Kilometern mit seinem weißgoldenen Sand. Genügend Platz also für Eimer, Schaufel und ein mittelgroßes Badelaken-Imperium.

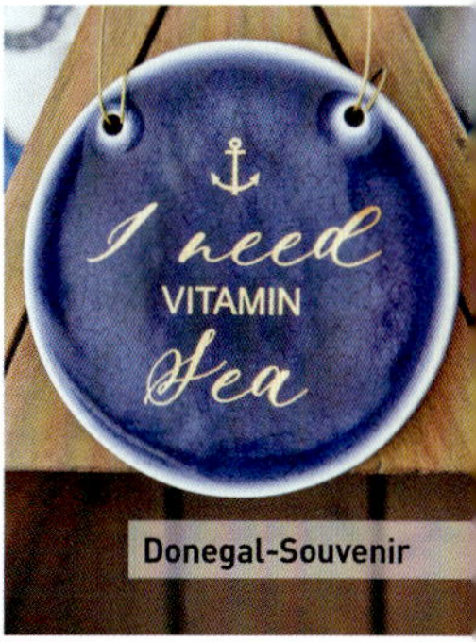

Donegal-Souvenir

Mir fällt die Wahl des schönsten Strandes nicht ganz so leicht wie den britischen Zeitungsjournalisten. Auf meiner persönlichen Weltrangliste muss sich Ballymastocker Bay den zweiten Platz mit dem Carrickfinn Beach teilen, einem von Dünen gerahmten Strand unweit des nur sehr selten angesteuerten Flughafens von Donegal. Vor allem in den frühen Morgenstunden, wenn die Gweedore Bay noch in sanften Pastelltönen schimmert, könnte man glauben, der erste Mensch auf Erden zu sein, der am achten Schöpfungstag seine Spuren probeweise in den feinen Sand stapfen darf. Nur der eigene Atem, plätschernde Wellen und Wind, der raschelnd durch die silbrig-grünen Salzwiesen kämmt, sonst nichts. Auf den Dünen sitzen, die Gedanken über die Wellen schaukeln lassen und in eine lange Meeresmeditation versinken, so fühlt er sich an, der Segen des Alleinseins. Wenn die Sonne am Abend dann bernsteinfarbene Strahlenkränze um gemütlich ziehende Wattewolken legt und die Dünengräser golden glühen lässt, hat auch der letzte Seychellen-Fan sein Herz an den Carrickfinn Beach verloren.

Ein Ort für Tagträumereien

Carrickfinn Beach

Was aber passiert, wenn Gott seine Stippvisite beendet und das brillante Sommerwetter wieder mitnimmt? Dann wird es entweder nass und ein bisschen windiger, bleibt aber immer noch unvergleichlich schön, oder aber es heult ein höllischer Sturm, während man selbst schicksalsergeben hinter zugezogenen Vorhängen vor dem Kamin sitzt und sich trotzdem freut, denn das einzige, was Donegal davor schützt, zu einem Mallorca des Nordens zu werden, ist der Regen.

Info

Lage: Carrickfinn Beach liegt an Gweedore Bay in der Nähe des Dorfes Annagry und direkt hinter dem Flughafen Donegal. Nach Donegal sind es etwa 70 Kilometer südlich. Auf der nordöstlichen Seite der Fanad-Halbinsel, am Westufer des Lough Swilly breitet sich die Ballymastocker Bay aus. Von hier aus liegt Donegal etwa 80 Kilometer südwestlich.

HINWEIS: Rettungsschwimmer sind an beiden Stränden von Juni bis September im Einsatz.

46 Rockpooling mit Robben

FANAD PENINSULA

Die Küste hoch im Norden Donegals ist ein großartiger Ort, um das Leben im Ozean zu erforschen. Mit wasserfestem Schuhwerk und ein wenig Geduld lassen sich tausende ungewöhnliche Kreaturen entdecken. Aber Achtung! Die Suchtgefahr ist riesig.

Das Beste kommt immer zum Schluss! Wer das zur Begrüßung hört, hat es bis hinauf nach Fanad geschafft. Ein kleines Stück nördlicher liegt nur noch Malin Head, die Spitze der benachbarten Halbinsel Inishowen. Danach ist tatsächlich Schluss mit dem irischen Festland. Hier oben verrichtet einer der schönsten

Leuchtturm am Fanad Head seit 1817

Leuchttürme der ganzen Insel, das Fanad Head Lighthouse, seinen Dienst und wacht seit 1817 an der Mündung des Lough Swilly. Für die meisten Touristen ist er die Hauptattraktion an Donegals Nordküste. Meine persönlichen Highlights sind jedoch um einiges unscheinbarer und kleiner, manche mit bloßem Auge sogar kaum zu erkennen – Sandhüpfer, Seepocken und Strandkrabben, Strahlenflosser, Seesterne, Wellhornschnecken und Wattwürmer.

Um ihnen zu begegnen, fährt man am besten bei Ebbe an einen der zerklüfteten Küstenabschnitte, wo sich zwischen den Felsen viele mit Wasser gefüllte „rock pools", Gezeitentümpel, gebildet haben – lauter kleine Meeresaquarien voller bunter Phänomene.

Ausdauer wird belohnt

Napfschnecken und Seehase

Ich setze mich daneben, starre in die tiefen Becken und nähere mich ganz vorsichtig dem, was dort unten lauert. Es ist die Welt der Seespinnen, die auf ihren zarten Gliedern über das Seegras balancieren, der flinken Einsiedlerkrebse und der leuchtend roten Anemonen. Auf dem Trockenen sehen sie mit eingezogenen Tentakeln wie geleeartige Klopse aus, im Wasser aber stülpen sie ihre Fangarme strahlenförmig nach außen. Nebenan huschen winzige Fische durch wedelnde Seetangsträhnen. Schnecken schicken perlmuttfarbenes Leuchten vom Grund des Beckens hinauf, und als ich meine Hand lange ins Wasser tauche, nähern sich zarte, fast gläserne Garnelen und tänzeln über meine Finger. Und was war das? Ein Hummer, der kurz aus seiner Höhle lugte? Der Atlantik gibt seine Geheim-

Gar nicht schüchtern

nisse nicht so leicht preis. Das ist Teil seiner Anziehungskraft. Je länger ich dasitze und schaue, umso mehr sehe ich. Rock pooling nennen Iren und Briten das Erkunden solcher Felsenbecken.

Stundenlang kann ich am Rande des Ozeans hocken und selbst über vertraute Küstenbewohner wie Napfschnecken staunen, die fleißig fressend das Ufergestein von Algen säubern. Am Fanad Head leistet mir sogar oft eine Gruppe Robben Gesellschaft, die ganz in meiner Nähe, keine zehn Meter vom Ufer entfernt, in der Sonne baden. Gebogen wie Croissants liegen sie völlig gelassen da und erst mit dem Gezeitenwechsel, wenn die Wellen wieder anschwellen und sich die Flut schleichend nähert, ziehen sie sich ins Meer zurück und geben auch mir damit das Zeichen zum Aufbruch. Hypnotisiert von einer dunkelblauen Qualle hätte ich die Rückkehr in meine eigene Welt glatt vergessen. Rockpool-Expeditionen schenken einem viele solcher Momente der völligen Absorption. Sie haben aber auch lebenslängliche Folgen, vor denen schon der legendäre Ozeanforscher Jaques-Yves Cousteau warnte: „Wenn das Meer dich einmal in seinen Bann gezogen hat, hält es dich für immer in seinem Netz der Wunder fest."

Faulenzende Robben

Info

Lage: Die Fanad-Halbinsel liegt zwischen Lough Swilly und Mulroy Bay im County Donegal. ihr nördlichster Punkt ist Fanad Head. Nach Donegal sind es etwa 90 Kilometer.

Website: *visitfanad.com*

HINWEIS: Tipps zu vielen weiteren „rock pooling places" in Irland und Informationen zur Flora und Fauna des Meeres finden sich unter *biodiversityireland.ie* und *exploreyourshore.ie.*

47 Die Fassaden voll haben

CITY OF DERRY

Nordirlands zweitgrößte Stadt lebt von ihrer langen und komplizierten Geschichte und von all den Geschichten, die man sich über sie erzählt. Wie gut, dass hier sogar die Wände sprechen können.

Wo wird die Nennung eines Namens zum Glücksspiel? In nordirischen Bussen. Der Fahrer, bei dem ich ein Ticket nach Derry kaufen wollte, erteilte mir unwirsch die Auskunft, eine solche Stadt gäbe es nicht. Das ist nun schon einige Jahre her, doch die Chance, mit vermeintlich falschen Ortsbezeichnungen für schlechte Stimmung zu sorgen, liegt noch immer bei 50/50. Für Protestanten ist oft nur Londonderry akzeptabel, Katholiken bestehen dagegen auf Derry.

Symbol der Hoffnung

Der Grund für dieses sprachliche Scharmützel reicht bis ins frühe 17. Jahrhundert zurück, als die Briten in diesem katholischen Teil Irlands einen protestantischen Stützpunkt errichteten. Finanziert wurde ihr Vorhaben von reichen Londonern, zu deren Ehren der Ort prompt umgetauft und fortan Londonderry genannt wurde. Um aufständische Iren fernzuhalten, bauten die Engländer noch flugs eine bis zu acht Meter hohe und rund zehn

Kanonen auf der Stadtmauer

Bild zum „Bloody Sunday"

Meter breite Verteidigungsmauer, über die sich vermutlich keiner mehr gefreut haben dürfte als die Marketingabteilung des heutigen Tourismusamtes. Mit einer Länge von etwa eineinhalb Kilometern sind die Walls of Derry nämlich nicht nur die einzige noch intakte Stadtmauer auf der irischen Insel, sondern auch eines der schönsten Beispiele für eine befestigte Stadt in Europa und damit ein attraktives Reiseziel.

Von der Top-of-the-Wall-Promenade hat man einen schönen Panoramablick auf die Stadt und das katholische Viertel Bogside mit seinen berühmten Wandmalereien. Bilder von Hungerstreikhelden und maskierten Attentätern, von demonstrierenden Bürgerrechtlern, einem Jungen mit Molotowcocktail in der Hand und dem 14-jährigen Schuldmädchen Annette Mc Gavigan, das 1971 erschossen wurde.

Blick über Derry

Bürgerrechtsaktivisten

An diesen Orten schreit Derry seine Geschichte von den Wänden und erinnert an die Zeit der sogenannten „Troubles", einem 30 Jahre andauernden bürgerkriegsartigen Kampf.

Diese Gewalt gehört glücklicherweise der Vergangenheit an, und es wird hoffentlich auch bald eine Zeit kommen, in der Derry die alte Fassadenkunst nicht mehr brauchen, sondern andere, friedliche und versöhnliche Bilder malen wird. Einen ungeheuer diplomatischen Stadtnamen hat man für den Neuanfang ja bereits gefunden und sie in City of Derry umbenannt. Der Praxistest beim Busfahrer steht noch aus.

Info

Lage: Derry liegt etwa 70 Kilometer nordwestlich von Belfast.

Adresse: City of Derry BT48 6DQ, Vereinigtes Königreich

Website: *visitderry.com*

HINWEISE:

- Wandbilder, die auf die Troubles Bezug nehmen, findet man im Stadtteil Bogside.
- Das Museum of Free Derry informiert über den historischen Hintergrund der gewalttätigen Auseinandersetzung zwischen den katholischen Bürgerrechtlern der Bogside und den britischen Behörden. *museumoffreederry.org*

48 Wünscht euch was!

GIANT'S CAUSEWAY

Große Klappe, nichts dahinter – das trifft gelegentlich sogar auf irische Giganten zu. Doch wo gewöhnliche Aufschneider nur Spott und Häme ernten, da hinterlassen Feiglinge im XXL-Format schon mal Nordirlands größtes Naturwunder.

An der Nordküste des County Antrim liegt der Stoff für eine der schönsten irischen Legenden: Der irische Riese Fionn Mac Cumhaill hatte seinen schottischen Gegner Benandonner zum Duell gefordert, musste aber erst massenhaft Steine ins Meer werfen, um über den so entstandenen „Damm der Riesen" seinen Rivalen erreichen zu können. Drüben angekommen, verließ ihn beim Anblick des Gegners der Mut und er kehrte eilends um, denn Benandonner hatte sich als extrem gut trainierter Muskelprotz entpuppt. Überdies war er schon in rechter Kampfeslaune und eilte Fionn flugs über

An der Causeway Coast

den Giant's Causeway nach Irland hinterher. Dort fand er allerdings nur Fionns Frau vor, die ihm den neugeborenen Sohn präsentierte, ein wahrer Wonneproppen, so groß und stark wie ein ausgewachsener Riese. Mit viel Kraft, aber wenig Geist ausgestattet, erkannte Benandonner nicht, dass Fionn sich selbst in eine schnell gezimmerte Wiege gelegt hatte, sondern schloss von der Größe des Babys auf die des gewaltigen Vaters. Schnell gratulierte er noch zum Nachwuchs, murmelte etwas von schwerer Geburt und trat den Rückzug an. Bei seiner Flucht zerstörte er große Teile des Damms, um sicherzugehen, dass Fionn ihm nicht folgen konnte.

Die Brücke des Riesen

Tatsächlich existiert eine durchgängige, unter Wasser liegende Basaltbrücke. An ihrem einen Ende ragt die schottische Insel Staffa heraus, an ihrem anderen der Giant's Causeway in Nordirland, die beide – so weiß die nüchterne Naturwissenschaft – vor 60 Millionen Jahren als Lava ausgespuckt wurden. Abgekühlt blieben mächtige Haufen von Basaltsäulen zurück. Das Spektakuläre daran? Fast alle Säulen haben eine sechseckige Form. Perfekte Geometrie, ganz ohne Lineal und Zirkel. Und um es mit der Schönheit der Formen noch zu übertreiben, legen sich die Säulen dicht an dicht wie eng gesteckte Bauklötze. Ein einziger dieser Pfosten soll acht Seiten haben. Er wird der Schlüsselstein genannt, der Grundpfeiler, der den gesamten

Spektakuläre Aussichten

Damm kollabieren ließe, wenn man ihn entfernen würde. Viel Vergnügen beim Suchen, denn insgesamt wurden 40.000 Basaltsäulen auf nordirischer Seite gezählt. Über fünf Kilometer erstrecken sich die Ausläufer des Damms die Küste entlang, bevor das zur UNESCO-Welterbestätte ernannte Wunderwerk der Erdgeschichte unter dem Meer verschwindet. Einige Lavaformationen fallen in der Klippen- und Hügellandschaft besonders auf, weil ihre Gestalt an eine Orgel, einen Kamelbuckel, an Treppen, Schornsteine oder ein Amphitheater erinnert. Von den Basaltsteinen, die einen Stuhl bilden, den sogenannten Wunschsessel, heißt es, dass jedem, der sich darauf niederlässt, drei Bitten erfüllt werden. Wenn das bloß die Riesen gewusst hätten.

UNESCO-Weltnaturerbe

Info

Lage: Der Giant's Causeway liegt etwa 60 Kilometer nordöstlich von Derry.

Adresse: 44 Causeway Road, Bushmills, County Antrim, BT57 8SU

Website:
nationaltrust.org.uk/visit/northern-ireland/giants-causeway

HINWEIS: Ebenfalls ein Werk des irischen Riesen soll der Süßwassersee Lough Neagh sein, der vor allem Angler, Wanderer und Ornithologen lockt. *oxfordisland.com*

49 Eiskalt erwischt

TITANIC BELFAST MUSEUM

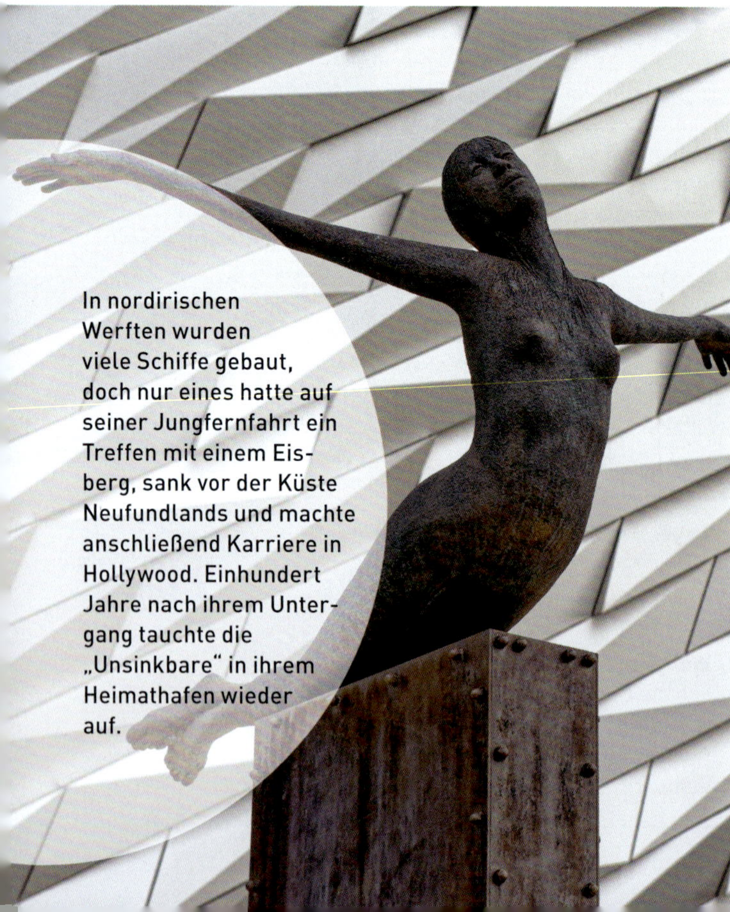

In nordirischen Werften wurden viele Schiffe gebaut, doch nur eines hatte auf seiner Jungfernfahrt ein Treffen mit einem Eisberg, sank vor der Küste Neufundlands und machte anschließend Karriere in Hollywood. Einhundert Jahre nach ihrem Untergang tauchte die „Unsinkbare" in ihrem Heimathafen wieder auf.

Miefige Mehrbettkabinen und Gerstensuppe gab es in der dritten Klasse. Reisende mit höheren Ansprüchen ließen sich Luxussuiten, türkische Bäder und stilvolle Speisesäle in der First Class bis zu 4350 US-Dollar kosten. All das und noch viel mehr interessiert uns heute immer noch brennend, weil der Untergang des nach Aussagen der Reederei unsinkbaren Dampfers zu einer der größten Katastrophen der Seefahrt gehört. Am späten Abend des 14. April 1912 rammte das damals größte Schiff der Welt einen 100.000 Tonnen schweren Eisberg. Keine drei Stunden dauerte es, bis die RMS Titanic voller Wasser gelaufen war und sank. In den eisigen Fluten des Nordatlantiks starben 1517 Menschen, Leonardo DiCaprio nicht mitgezählt.

Symbolhafte Architektur

Hundert Jahre nach dem entsetzlichen Ende ihrer Jungfernfahrt wurde auf dem Gelände der Traditionswerft Harland & Wolff genau an der Stelle, wo der Luxusliner vom Stapel lief, das Titanic Belfast Museum eröffnet. Wie die Kanten von Eisberg und Schiffsbug wirkt die silbrig-weiß schimmernde Aluminiumfassade des Gebäudes. Eine architektonische Symbiose, die aus den beiden Protagonisten des Untergangs auf immer und ewig ein unzertrennliches Paar macht. Im mehrstöckigen Inneren wird

Dr. Tom Ballard

Im Schiffsbauch

Luxus-Kabine

mit allen Multimedia-Schikanen die Geschichte des legendären Ozeandampfers vom Bau bis zur Entdeckung des Wracks 1985 erzählt. Dank computergenerierter 360-Grad-Rundgängen und vielen detailreichen Nachbauten gelangt man zunächst in die Konstruktionsbüros der Schiffsbauer voller Originalzeichnungen und maßstabsgetreuer Modelle und dann auf sämtliche Decks der Titanic. Es dröhnt und hämmert im gewaltigen Maschinenraum, in den Speisesälen grüßt gelegentlich das Hologramm eines Mitpassagiers, während der Funker auf der Brücke schon fieberhaft SOS-Morsezeichen sendet. Zum Schluss begleiten die Besucher den Entdecker des Titanic-Wracks, Tom Ballard, anhand von Film- und Tonaufnahmen auf seine Expeditionen zum Meeresboden in 3800 Meter Tiefe, wo Mikroorganismen das Metall des Schiffs solange zerfressen, bis die Titanic eines Tages komplett kollabieren wird.

Auf allzu dramatische Effekte und unpassenden Nervenkitzel haben die Ausstellungsmacher verzichtet, zum Vorwurf wurde ihnen jedoch Gigantomanie und

Hamilton Dock Caisson

Kommerzgier gemacht. Ein besonders kritischer Journalist der Irish Times merkte an, dass Belfast beweise, „was man aus einem gesunkenen Schiff noch alles herausholen kann". Nachdem die Stadt in den Jahrzehnten des blutigen Nordirlandkonflikts für Touristen nahezu tabu war und nicht nur den Niedergang ihrer Industrie, sondern auch noch die Folgen des Brexit bewältigen muss, darf man ihr den Stolz auf ihre einst so bedeutende Werft ruhig von Herzen gönnen. Mit diesem hervorragend konzipierten Museum, das ebenso unterhält wie informiert, hat sie ihrem maritimen Erbe, der Titanic und den Belfaster Ingenieuren und Werftarbeitern ein großartiges Denkmal errichtet. Mit der Schmach, dass für den ganzen Stolz ihrer Schiffsindustrie die allererste auch die allerletzte Fahrt war, geht man inzwischen recht entspannt um, nachzulesen auf den T-Shirts im Souvenirshop, auf denen steht: „Als sie hier ablegte, war sie noch in Ordnung!" und „Gebaut von Iren, gesteuert von einem Engländer!"

Info

Lage: Das Museum liegt im Belfaster Hafen.

Adresse: 1 Olympic Way, Queen's Road, Titanic Quarter, Belfast, Northern Ireland BT3 9EP

Website: *titanicbelfast.com*

50 Blühendes Kunstwerk

MOUNT STEWART GARDENS

Die ungezähmte Leidenschaft einer extravaganten Lady für Heckenscheren, Rosenstöcke und Schneckenfallen ließ die märchenhaft schönen Mount Stewart Gardens in der nordirischen Grafschaft Down gedeihen. Größe und Würde dieser herrschaftlichen Anlage sind einfach zum Niederknien.

Einheimische, die sich nicht für die Wettervorhersage im Radio interessieren, selbst im Oktober noch Shorts tragen und einen nicht ganz so bleichen Teint haben wie die Iren im Rest des Landes – herzlich Willkommen am Strangford Lough. Der See im Osten des County Down verdankt sein subtropisches Mikroklima vor allem der Ards-Halbinsel, die sich wie ein schützender Arm um ihn legt. Das verschont Strangford zwar nicht vor gelegentlichen Schauern, wohl aber vor Bodenfrost, und auch die schlimmsten Stürme blasen hier meist nicht zur Attacke. Damit erklärt sich auch, warum einige der eindrucksvollsten Gärten und Herrenhäuser hier zu finden sind. Vor allem die Mount Stewart Gardens am

Mount Stewart House

nördlichen Seeufer gehören zu den Anlagen der britischen Inseln, die ästhetische Maßstäbe gesetzt haben und in der Liga der Parks und Landschaftsgärten ganz weit oben spielen.

Auf rund 380 Hektar breiten sich bewaldete Areale, amselumflötete Rasenflächen und förmliche Gärten aus. Schmetterlinge schaukeln in der Nachmittagssonne, Hummeln machen den bonbonfarbenen Pfingstrosen ihre Aufwartung und vom opalblauen See streicht ein laues Lüftchen über die Hortensienbüsche. Hinter riesigen Lorbeerbäumen taucht Mount Stewart House auf, von dessen grauen Steinwänden Efeu, Fuchsien und Jasmin wallen. Einst war es das Zuhause der Familie Stewart, einer der reichs-

Grüne Augenweide

ten Adelsclans in Nordirland, der seit 1816 den Titel Marquess of Londonderry trug. Erbaut wurde das elegante Landhaus im Jahr 1744 vom schottischen Leinenhändler Alexander Stewart, doch erst Lady Edith, die Frau von Charles Vane-Tempest-Stewart, des 7. Marquess von Londonderry, investierte zu Beginn des 20. Jahrhunderts immense Summen in die Erneuerung des Anwesens und widmete sich den Gärten mit ganzer Hingabe.

Sie vergrößerte den See, legte Spazierwege und einen Springbrunnenteich an und gliederte die Anlage in 17 verschiedene Bereiche, sodass die gesamte Bandbreite der Gartenbaukunst einfließen konnte, vom Landschaftspark nach englischem Vorbild bis zum Italienischen Garten, von dessen strenger Formalität Lady Edith allerdings nicht viel wissen wollte. Statt der üblichen Buchsbäume kamen tiefrote Berberitzen, puddinggelbe Potentilla und neuseeländische Strauchveronikas zum Einsatz. Alles Gewächse, deren Form- und Farbreichtum man genießen kann, auch wenn man ihre Namen erst im botanischen Lexikon nachschlagen muss. In prächtigen Beeten und Unterholzgärten wippen Himalaya-Lilien, Narzissen und Hasenglöckchen im Wind, kälteliebende Farne finden Schatten unter subtropischen Pflanzen, und die Farben von Glockenblumen und chilenischen Feuerbüschen brennen scharlachrote Löcher in die Luft.

Lady Ediths Extravaganz spürt man besonders beim Anblick der ausgefallenen Zementstatuen von Schnabeltieren, Meerjungfrauen, Dodos und Dinosauriern, die in allen Ecken des Gartens hausen. Viele dieser Figuren sind eine scherzhafte Hommage an den von Lady Edith gegründeten Ark Club, zu dessen zahlreichen Mitgliedern auch Winston Churchill, Arthur Balfour und Neville Chamberlain gehörten. Richtig politisch wird es allerdings erst im kleeblattförmig angelegten Shamrock-Garten, wo einige Wahrzeichen Irlands und Englands versammelt sind, zum Beispiel die in Form einer Harfe und einer Königskrone getrimmten Eiben oder die aus rot blühenden Geranien gestaltete Red Hand of Ulster, Symbol der alten Provinz Ulster. Möglich, dass in dieser gärtnerischen Vereinigung national bedeutsamer Zeichen eine Aufforderung zur Versöhnung an Nordiren, Briten und Iren steckt, absolut sicher jedoch ist, dass sich alles, was einem zukünftig noch an Grünanlagen begegnen wird, an der besonderen Schönheit der Mount Stewart Gardens messen lassen muss.

Skulpturen-Spleen

Die Dodo-Terrasse

Info

Lage: Die Mount Stewart Gardens liegen etwa 25 Kilometer östlich von Belfast.

Adresse: Portaferry Road, Newtownards, County Down, BT22 2AD

Website: *nationaltrust.org.uk/visit/northern-ireland/mount-stewart*

HINWEIS: Die Royal Horticultural Society of Ireland (RHSI) listet auf ihrer Webseite viele weitere Parks und Gärten in Nordirland und der Republik. *rhsi.ie*

Register

Register

Bildnachweis:
Alle Bilder von Thomas Schneider / bildbaendiger.de, außer Aillwee Burren Experience S. 150, 151, 153 | Brigitte Ewert S. 95 | cafuego, CC BY-SA 2.0 S. 15u | Carlingford Oysters S. 56u | Doolin Cave / Jenny Martin Photography S. 152 | Eamon Ward S. 156M, 157 | Eleonora Boscarelli S. 56o, 57 | Fraser Reid, CC BY 2.0 S. 19o | Jenny Martin Photography S. 154, 155o, 156o | JoachimKohlerBremen, CC BY-SA 4.0 S. 19u | Karten – Mapcreator.io, OSM.org, ©DLR, ©Airbus Defense and Space, ©Copernicus S. 24, 25, 27, 79, 117, 161, 213 | Media team Irish National Heritage Park S. 72-75 | Nicole Quint / quint-und-quer.de S. 20, 16u, 80-83, 118-121, 123, 135u, 136, 146-149, 162-167, 172, 205o, 205u, 220-223, 234-237, 240o, 243, 244M, 246-249 | Paul Corey S. 156u | Press Up Entertainment Group S. 42-45 | pxhere CC0 S. 17u | Suzy McCanny Photography & Fashion S. 206-209 | Terry McDonagh S. 54, 55 | The Everyman Cork / Paul Shannon S. 90/91 | The Everyman Cork / Shane Scollard S. 88 | The Everyman Cork S. 89 | The Gardens of Powerscourt S. 16o | Titanic Belfast S. 244o, 244u